国际电气工程先进技术译丛

插电式电动汽车充电基础设施布设

——面向地方部门及其战略合作伙伴的技术路线图

［英］马修·拉姆斯登（Matthew Lumsden） 编著
李晓楠 赵大海 等译

机械工业出版社

本书分5部分，给出了11个案例，从实际出发，覆盖了电动汽车充电项目从实践基础到商业模式的各方面内容；可为我国相关公司、组织及部门了解欧洲电动汽车落地发展及商业化运营提供丰富资料。

本书介绍了英国和欧洲公共及私人部门工程项目的亮点，目的是帮助新建项目管理方在规划发展策略和实施框架时节约大量调研和取证方面的工作。本书还有一个重要内容是如何实现各项目之间更好的一致性、互操作性和整合性。根本上来说，本书目的在于节约电动汽车充电基础设施开发过程的成本。

本书可供电动汽车充电设施生产厂商、供电公司、电力公司、研究机构、政府部门及规划部门研究参考，也可供电动汽车行业的从业人员、管理人员及爱好者进一步学习。

译　者　序

当前，新能源汽车正处在国际商业竞争前的高技术储备阶段，一旦新能源汽车的应用顺利产业化，将引起能源结构、产业格局乃至社会生活的巨大变化，对实现能源多元化战略、保障国家能源安全、减少石油依赖具有重要意义。

我国“十二五”规划部署经济社会从外需转向内需、从高碳转向低碳、从强国转向富民的三大转型，其中汽车将是扩大内需的重点行业，而以低碳为目标的新能源汽车将成为国家重点扶植的方向，是我国七大战略性新兴产业之一。同时，备受关注的《节能与新能源汽车产业发展规划（2012—2020年）》已经于2012年6月由国务院颁布实施。因此，在节能与新能源汽车产业“三纵三横”大路线下，插电式电动车充电基础设施技术已成为我国节能与新能源汽车产业发展的重要组成部分。2014年，科技部启动了《“十三五”电动汽车科技规划》的制定工作，总体目标是为五年后新能源汽车产业发展的全要素竞争打下基础，以实现新能源汽车战略性新兴产业进入快速成长期。

在这样的背景下，由英国工程技术学会（IET）出版的本书，应该会为我国电动汽车发展，特别是充电设施规划建设上，起到积极的作用。本书介绍了英国和欧洲公共和私人部门工程项目的亮点，目的在于帮助新建充电设施项目管理方在规划发展策略和实施框架时节省大量调研和取证的工作。

本书还有一个重要内容是如何实现各个充电系统之间更好的一致性、互操作性和整合性，提出相关标准化工作是目前世界范围内产业发展的主要挑战之一。从根本上来说，本书目的在于节约电动汽车充电基础设施开发过程的成本。

本书分5部分，共11个案例，从实际出发，覆盖了电动汽车充电项目从实践基础到商业模式的各方面内容；为国内相关公司、组织及部门了解欧洲电动汽车落地发展及商业化运营提供了丰富资料。本书适合国内电动汽车充电设施生产厂商、供电公司、电力公司、研究机构、政府部门及规划部门研究参考，也可供电动汽车行业的从业人员、管理人员及爱好者进一步学习之用。

本书主要由李晓楠、赵大海翻译，参加翻译工作的还有敖曼、唐皓、郑伟、王仁芳、高鲲、宋相潜、吕萍、李洋。

由于译者团队水平有限，还请广大读者批评斧正。

译　者

2016年4月

作者简介

本书作者马修·拉姆斯登是电动交通领域的专家。他于2008年和一系列利益相关方合作制定了英国英格兰东北部电动汽车发展战略。2009年，面对专业知识及人才短缺的情况，他建立了覆盖汽车和能源领域的英国未来交通系统（Future Transport Systems，FTS）有限公司，来辅助电动交通（e-mobility）领域的开发工作。此后，他和FTS有限公司的其他专家们合作制定了部分和英国“插电（充电）点”（Plugged-in Place，PiP）项目密切相关的地区性战略，并成功运作SWITCH EV超低碳车辆示范工程。

由于其突出的先进性和专业性，如今FTS有限公司参与到了多个能源部门的电动交通相关的技术开发和项目实施中。

同时，马修也参与了一些欧洲西北部的项目。他与一系列利益相关方一起传播知识，推动电动交通的发展。有别于FTS有限公司的其他专家（主要工作是解决技术问题），马修主要研究电动交通可持续发展的相关领域，以及电动交通与其他交通模式和能源网的一体化。

在建立FTS有限公司之前，马修曾任英国TNEI能源咨询公司主任十余年，研究领域覆盖能量效率和可再生能源相关的各种项目。

本书概要

在近年来前沿研究、项目开发和示范工程的基础上，本书给出了电动汽车充电基础设施开发技术指导和最佳实践指导。本书内容包括了英国和欧洲公共和私人部门工程项目的亮点，还包括如对英国工程技术学会（Institute of Engineering and Technology，IET）出版的标准《IET 电动汽车充电设备安装实施规程（IET Code of Practice for Electric Vehicle Charging Equipment Installation）》的解读。新建项目管理方在规划发展策略和实施框架时，要耗费大量时间进行调研和取证，本书的主要目的就是为此提供便利，减少用时。本书还有一个重要目的是在各个项目之间创造更好的一致性，以实现更好的互操作性和整合性。从根本上说，本书目的在于节约电动汽车充电基础设施开发过程的成本。

> **因预算削减和组织变更，地方政府压力重重。这种环境下，投资基础设施项目难以盈利。PiP（Plugged-in Place）项目团队发现最有说服力的论点是，如果选择不去做点什么支持插电式电动汽车的话，结果会很糟糕，尤其是会因为达不到空气质量要求会被处以大量罚款。**
>
> **——英国 PiP 项目**

多国政府大力鼓励电动汽车的使用和其他低碳交通运输平台的发展。英国政府机构、技术战略平台（Technology Strategy Board，TSB）和低排放汽车办公室（Office for Low Emission Vehicles，OLEV）正在资助电动汽车示范项目、充电基础设施试验和许多其他研究开发活动。2012 年 2 月 21 日，OLEV 开始为购买插电式电动厢式货车提供补贴，购买插电式轿车也得到补贴。

欧洲的大部分地区也在进行类似的创新活动，尽管各政府的政策、时间点、立法、法规、市场力量和现有的实践会导致各种变化。本书也将讲探讨这些变化的案例。

各项目有一个共同的愿景，就是希望取得进一步的突破。各种议题，如插头、接地、通信协议的标准化等，都需要广泛的利益相关方达成一致。

电动汽车技术正飞速发展，根据 2012 年英国公路行驶的情况来看，蓄电池电动汽车（Battery Electric Vehicle，BEV）、新型插电式混合动力电动汽车（Plug-in Hybrid Electric Vehicle，PHEV）和增程式电动汽车（Extended-Range Electric Vehicle，E-REV）的可行驶里程数均在增加。PHEV 和 E-REV 在短途行驶时以电力作为动力，同时也可以进行更长距离的旅行而不必担心续航问题。

由于现有的三脚插口正逐步更新换代，目前英国正在进行国际标准IEC 62196-2的2型连接器（通常称为Mennekes™或2型连接器）的标准化工作。发展趋势是，在充电点提供的功率不低于7kW，并且充电点要置于停车场而不是更昂贵的路边区域。车辆和充电基础设施的日益增加，突出了能够支持主要干道和城际旅行的高速充电设备（rapid charger）的重要性。

同样，在插电式电动轿车和货车方面也开始取得了一些进展，尤其是围绕中心站点的短途应用方面。这种情况几乎不需要多少充电基础设施，尽管车队运营者发现高速充电可极大增强车队的灵活性。当电动汽车在车队中占有更高的比例时，在车队运营方和基础设施开发方/运营方之间建立强有力的关系，将会最大限度地增加车辆和基础设施的利用率和可持续性。

到目前为止，电动交通中电动自行车方面的方案是发展最快的。这些方案正在英国和欧洲其他对自行车友好的国家实施，用于试水多模式融合和电动交通。虽然和插电式电动汽车相融合，还建立了各种电动轿车俱乐部，但是车辆成本对于这样一个困难重重的商业模式来说是个大问题。但不管怎样，人们对汽车俱乐部的接受度越来越高，并且一个构造适宜的高速充电网络有助于电动轿车俱乐部的实践。最后，电动踏板车（e-scooter）和电动摩托车（e-motorbike）在英国的发展前景广阔，这是相对比较容易的电动交通发展途径，相对来说只需要很少的基础设施。

电动汽车充电基础设施的开发规划要明确瞄准细分市场，也要采取过渡手段来逐步植入以减少风险，还要提高规划灵活性，以便利用新开发的技术。

英国许多地方政府如今利用《城市规划法案》106条款（Section 106），以及规定相关义务，来促进新建社区和商业区电动汽车基础设施的布设。其中，要求安装新的充电点，或是为车辆和充电点直接提供兼容能力，如为新建的连接提供专属电路和道路。

为了建立公共充电基础设施，各地方政府正在公共停车场安装充电点，也越来越多地和私人部门在快速（fast）和高速（rapid）充电基础设施方面开展工作。这给了新加入私人部门市场的企业一针强心剂。

电动交通和其他交通模式的融合目前还在萌芽期。充电点正安装在公共交通枢纽、停车换乘地及汽车俱乐部所在地和电动交通路线计划用地等，但是这些计划方案还没到实现使用一体化交通卡的阶段，激励也没到位。

互操作性仍然是英国在充电设施方面面临的大问题，新计划方案应从战略高度考虑这个问题。无法实现互操作性，会让电动汽车潜在用户无法下决心购买车辆，对最终实现可持续性也有影响。电动汽车充电基础设施后台的运行和行政管理系统也需要涵盖最新的技术，这样才会最大限度地保证前瞻性，同时也应从开始阶段与邻近地区合作认真思考如何实现互操作性。

充电桩成本开始下降而技术仍持续进步，供应商可提供结合了复杂后台的功能更强的充电桩。但是最省钱的部分是地点的选择，即把地皮、线缆走线和连接成本降到最低的地点。很多项目经理认为有效的过程管理是控制成本、风险和项目时间线的最重要的工具之一。

不过，商业模式仍然不够明朗。目前，还没有哪种商业模式宣称实现了持续盈利。英国大部分的项目都是会员制模式的，也有提供电池置换模式的，还有预付费模式的或者车辆/充电基础设施联合基金模式的。所有这一切都还有待时间的验证。

术语：本书图 8 给出了各类电动汽车及相关术语。如果不需要特别强调是插电式电动汽车，均简称电动汽车（原书用 electric vehicle 或者 EV）。

本书应用的参考文献——英国标准 BS 7671—2008，是指 2011 年第 1 次修订的版本，即 BS 7671—2008（2011）《电气设备要求：IEE 布线规则》（第 17 版）。

缩　略　语

BEV：蓄电池电动汽车，Battery Electric Vehicle

CHAdeMO：日本高速充电（rapid charging）协议方面的标准

CL：核心白名单，Central Whitelist

CMS：充电桩管理系统，Charge-post Management System

CNG：压缩天然气，Compressed Natural Gas

CYC："为车充电"（项目），Change Your Car

DfT：（英国）交通部，Department for Transport

DNO：配电网运营商，Distribution Network Operator

ENEVATE：欧洲电动汽车及交通网络专项，European Network of Electric Vehicles and Transferring Expertise

ERDF：欧洲地区发展资金，European Regional Development Fund

E-REV：增程式电动汽车，Extended-range Electric Vehicle

EV：电动汽车，Electric Vehicle

EVSE：电动汽车供电设备，Electric Vehicle Supple Equipment

FiT：补贴上网电价，Feed in Tariff

GHG：温室气体，Greenhouse Gas

GM：（美国）通用汽车（公司），General Motors

GMPTE：（英国）大曼彻斯特地区客运管理局，Greater Manchester Passenger Transport Executive

GPRS：通用无线分组业务，General Packet Radio Service

HEV：混合动力汽车，Hybrid Electric Vehicle

HGV：载重车辆，Heavy Goods Vehicle

HMI：人机界面，Human Machine Interface

IC：内燃，Internal Combustion

ICE：内燃机，Internal Combustion Engine

ICT：信息和通信技术，Information and Communication Technology

IPT：感应电力传输，Inductive Power Transfer

ITS：智慧/智能交通系统，Intelligent Transport System

LAN：局域网，Local Area Network

LCV：低碳汽车（或轻型商用车），Low Carbon Vehicle（or Light Commercial Vehicle）

LDF：地区发展框架，Local Development Framework

LE：低排放，Low Emission

LED：发光二极管，Light Emitting Diode

LES：低排放战略，Low Emission Strategy

LEV：低排放汽车，Low Emission Vehicle

LNG：液化天然气，Liquefied Natural Gas

LSTF：地方可持续交通基金，Local Sustainable Transport Fund

LTP3：（英国）地方交通运输 3 号方案，Local Transport Plan3

MECC：（英国）曼彻斯特电动汽车公司，Manchester Electric Car Company

NCP：（英国）国家停车场（集团），National Car Parks

NAIGT：（英国）新型车辆创新和增长办公室，New Automotive Innovation and Growth Team

NPPF：（英国）国家规划政策框架，National Planning Policy Framework

OCPP：开放充电点协议，Open Charge Point Protocol

OEM：代工厂或原始设备制造商，Original Equipment Manufacturer

OLEV：（英国）低排放汽车办公室，Office for Low Emission Vehicles

PHEV：插电式混合动力电动汽车，Plug-in Hybrid Electric Vehicle，PHEV

PIEV：插电式电动汽车，Plug-in Electric Vehicle，PHEV

PiP：（英国）插电（充电）点（项目），Plugged-in Place

PPG：规划政策指南，Planning Policy Guidance

PV：光伏，Photovoltaic

QA：质量保证，Quality Assurance

Q2：第 2 季度，second quarter of year

Q4：第 4 季度，fourth quarter of year

RAB：监管资产基准，Regulatory Asset Base

R&D：研发，Research and Development

RCD：剩余电流保护器，Residual Current Device

RFID：射频识别，Radio Frequency Identification

SME：中小型企业，Small and Medium Enterprises

SMMT：（英国）发动机制造厂商协会，Society of Motor Manufacturers and Traders

TfGM：（英国）大曼彻斯特地区交通局，Transport for Greater Manchester

TMA：交通管理协议，Traffic Management Agreement

TRO：交通管理条例，Traffic Regulation Order

TSB：技术战略平台，Technology Strategy Board

ULCV：超低碳汽车，Ultra-Low Carbon Vehicle

目　　录

案 例 目 录

图 片 目 录

表格目录

第1部分　最佳实践建议

1.1　展望未来

推广插电式电动汽车是为解决交通、排放、二氧化碳、可持续性、噪声、空气质量和其他政策目标等问题所采取的一系列措施中的一部分。插电式电动汽车可被视为一系列创新主题之一而进行推广。

地方交通规划和其他政策及战略时间范围通常跨度15年，因此制定时应考虑插电式电动汽车领域的潜在发展。下一个5年很可能产生巨大的改变，因此其潜在发展是很难描述的。下面将详细回顾技术发展，感应充电、更长的电池续航里程、其他动力驱动技术和更复杂的充电基础设施模式可能会在下一个5年出现。

需要采取一系列辅助措施来推动电动汽车（EV）行业影响政策目标：首先，推动消费者从传统内燃机（Internal Combustion Engine，ICE）汽车转向电动汽车；其次，在合适的地方采用合适的方法来成功地使用电动汽车。这些措施是以不增加交通总容量或者使乘客转向可持续的交通模式（如公共交通、汽车俱乐部、通勤、步行等）为前提的。

1.2　插电式电动汽车方案规划

本书后面部分以案例形式更为详尽地披露了一些高水平的最佳实践建议。

开始开发电动汽车充电基础设施需要考虑以下因素：

1. 起点

不考虑最近几年的各PiP项目和其他一些著名的与电动汽车相关度较高项目，电动汽车充电基础设施仍处于开发的最早期阶段。在此情况下，以最佳、最可行的系统来进行扩展是很重要的，即关注以下方面：

- 选择最合适的技术，在成本、功能和效用间取得平衡。
- 开发项目的规模和布局要合理，做到可视性、效用性和功能性兼顾，并以市场为基础进行扩张。
- 复查选址地点和系统功能，使成本降到最低。
- 在集成性、与其他交通模式的互操作性及充电基础设施后台方面进行规划。
- 有长期可持续运行的计划。

• 理解包括插电式混合电动汽车（PHEV）、增程式电动汽车（E-REV）等车辆的技术发展。

2. 目标

电动汽车充电基础设施的安装要注意提高关注度、提供便利性、支持开展研发工作等。需要明晰这些目标之间的平衡点，因为这代表着未来发展的可持续性。

各汽车制造商对各自的电动汽车有目标细分市场，车辆也有非常明确的和充电基础设施匹配的容量。在此基础上，先期布设的充电基础设施可以支持早期用户。尽管不算是严谨的科学工程，但至少可以保证安装的充电基础设施在某一阶段能够使用。

要充分了解电动汽车车队的增加情况及如何与同车队合作，这些会影响电动汽车基础设施布设的位置和设施的可持续运营能力。

已经证实的是，项目分期进行可以避免出现错误，还可以获得广泛的资金的支持。

3. 政策

可采取一系列措施推动充电基础设施的建设和电动汽车的采购。在英国，规定相关义务和利用《城市规划法案》106 条款是在该阶段可以产生显著影响的措施之一。如图 1 所示，丰田普锐斯汽车在经过了四年的低迷期后开始在所有市场区的销售都取得了显著增长，尽管它不需要充电基础设施。

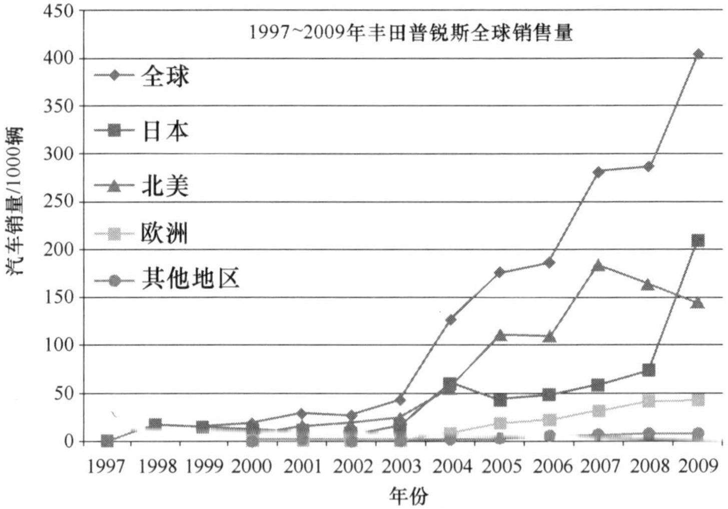

图 1　丰田普锐斯 1997 年到 2009 年间销量的增长

（数据来源：‘Worldwide Prius Cumulative Sales Top 2M Mark；Toyota Reportedly Plans Two New Prius Variants for the US By End of 2012’. Green Car Congress. 2010-10-07. http：//www. greencarcongress. com/2010/10/worldwide-prius-cumulative-sales-top-2m-toyota-reportedly-plans-two-new-prius-variants-for-the-. html#more. Retrieved 21-03-2012）

4. 合作关系

需要与一系列组织机构合作开发充电基础设施项目。独自进行项目开发会导致政策传达和长期的互操作性方面出现问题。目前，成功的项目都是和私人部门运营商共同开发的。英国 PiP 项目也是和配电网运营商（Distribution Network Operator, DNO）、能源供应商和其他公共部门及私人部门主体共同合作的。

5. 过程

项目开发过程是关键的，有效的过程管理能够显著降低项目用时和成本。

要根据现场评估情况、利益相关方约定情况、充电点建设情况、与后台的连接情况、用户订购情况和互操作性方面的情况来确定开发过程。

6. 利益相关方（参股方）

从项目开始阶段就要特别注重与利益相关方的合作，以及管理和维护与利益相关方的关系。

成功的一个关键因素是同关键组织机构，包括地方政府、配电网运营商和充电点主体合作伙伴建立联盟。

7. 采购

随着技术的快速发展，不断有新的参与方进入市场，因此制定合适的采购程序十分重要。这样可以将采购上的限制降到最低。

8. 可持续性

需要从项目开始阶段就考虑财务上的长期可持续性。做决策时，需要将可持续性作为评估指标加以考虑，保障项目不会因为短视而无法长期运营。

9. 整合

电动汽车不应被孤立对待。电动汽车对充电基础设施的需求，为整合其他交通模式创造了机会。

10. 资金

项目开发者要落实一系列与充电基础设施、车辆、信息和通信技术（Information and Communication Technology, ICT）和宣传沟通方面相关的资金来源。获取资金的能力关系到项目的战略和目标。

11. 信息

英国和欧洲目前有许多项目正在开发。其中一些项目的进程值得好好跟踪。

1.3 关键里程碑

下面列出电动汽车充电基础设施项目的一些关键里程碑，事实证明这些里程碑对项目的成功与否起到至关重要的作用。对于这些内容，作者在项目经理需要做的事件清单里面也强调了一下。

- 战略和设计

  - ○ 项目具有时间框架目标
  - ○ 项目重点放在将要提供什么功能和为谁提供这些功能方面
  - ○ 项目具有大量环境和实用上的优势
  - ○ 项目已明确了关键利益相关方，并已引入到项目中
  - ○ 在运营和财务方面制定了可持续性战略
  - ○ 支持政策到位
  - ○ 阶段资金计划到位
  - ○ 契约关系清晰
- 计划
  - ○ 具有明确的项目交付团队/资源
  - ○ 要由用户主导充电点选址
  - ○ 制定好技术战略，包括充电点、后台、附加联动装置和功能性
  - ○ 要了解项目成本和时间安排
  - ○ 要明确并了解所面临的风险
- 实施
  - ○ 具有明确的开发过程，其中包含了领导者和利益相关方的管理程序
  - ○ 具有现场成本评估和优化过程
  - ○ 具有采购策略
- 运营
  - ○ 制定好运营和互操作性方面的策略
  - ○ 用户支持服务要到位
  - ○ 可提供服务与技术维护

第 2 部分　战 略 概 览

2.1　政府政策目标

2.1.1　背景

写本书时，英国的二氧化碳排放量大概位居世界第八位，交通运输部门的排放占全国总排放量的 24%。英国中央政府和地方政府在交通方面采取措施以减轻二氧化碳排放的政策需求越来越迫切。英国的《气候变化法案（2008）》［Climate Change Act（2008）］设立的目标是到 2050 年英国二氧化碳的净排放量比 1990 年的水平降低至少 80%。

想要达到这个目标，英国就必须对在国家层面在某些方面做出很多改变。目前，乘用车和小型车辆、商务车辆占到整个英国碳排放总量的 13%。英国气候变化委员会认为交通部门排放量将需要比 2008 年的水平减少 91%，才能达到国家排放目标。

政策主要通过开发计划和促进使用可持续交通来减少采用传统的出行方式，要达到无碳交通还有很长的路要走。但是，目前英国政府认识到简单地迫使人们抛弃汽车并不可行；低碳和超低碳排放技术（如电动汽车）提供了减少碳排放的潜力，并仍能让人们享有想要的和必需的个人移动工具。

所以，在国家层面上，英国政府承诺支持低碳交通，这直接或间接地产生了大量政策方针和发展战略。

• 地方交通白皮书——《创增长、降碳排（2011）》［Creating Growth，Cutting Carbon（2011）］，确定的目标包括减少交通相关碳排放、改进空气质量和减少噪声干扰。

•《开支审查法案》（The Spending Review），预先为插电式电动轿车补助资金（Plug-in Car Grant）安排超过 £ 3 亿来补贴新车的购买。

• 2011 年宣布成立的插电式电动厢式货车补助资金（Plug-in Van Grant），为 7 种样式和模式的电动厢式货车提供最高£ 8000 的采购补贴。

• 英国各 PiP 项目，为 8 个安装和试验的充电基础设施试点项目提供了£ 3000 万的配套资金。

• 国家政策框架计划（The National Planning Policy Framework，NPPF），声明放宽最大停车位标准。实际上这让交通当局可以根据地区实际情况自行决定合适的停车位标准。某些地区会安排高标准的停车位，这有利于在停车旁边安排电动汽车充电装置。

- 基于现行的《1995 年城乡一般规划许可开发法令》（Town and Country Planning General Permitted Development Order 1995）和《2011 年城乡规划法（广告管理条例）（英格兰）（修正案）》[Town and Country Planning (Control of Advertisements) (England) (Amendment) Regulations 2011]，2011 年 9 月对于开发权许可进行了修订，允许安装电动汽车充电点。
- 英国中央政府资助的研究项目，如技术战略委员会（Technology Strategy Board）的“超低碳车辆示范工程（Ultra-Low Carbon Vehicle Demonstrator Programme）”（€ 2500 万）和能源技术研究所（Energy Technology Institute）的“插电式电动汽车经济和充电基础设施项目（Plug-in Vehicle Economics and Infrastructure Programme）”（€ 1100 万）加速了电动汽车的开发和推广。

英国政府在电动汽车和充电点安装的战略规划在《建立连接——插电式电动汽车充电基础设施发展战略》（Making the Connection- the Plug-in Vehicle Infrastructure Strategy，英国交通部，2011 年）中有详细说明。政府预期，大多数电动汽车将会在私人充电点进行充电，也就是家庭或者工作场所；同时，在可能最经常使用的公共场所，要安装一定数量的公共充电基础设施。

在地方层面，也提供了经费和各方面的支持，通常是在可持续交通这个范畴内。地方可持续交通基金（Local Sustainable Transport Fund，LSTF）在 2012～2015 年提供£ 5.6 亿的资金，替代了地方交通计划（Local Transport Plan）的资金。许多英国地方政府已经将电动汽车的开发纳入专项方案或项目中。

英国地方政府实施的可能支持电动汽车推广的另外一些类型公文如下：

- 地方开发规划（Local Development Plan）。
- 地方战略规划（Local Strategic Plan）。
- 新制定的《城市规划法案》106 条款的经费已被用于开发充电基础设施。

2.1.2　对英国车队扩张和欧盟相关环境的预测

2010 年英国有超过 200 万辆新车注册登记。其中，22926 辆是低碳车辆，但是只有 249 辆是纯电动汽车或插电式电动汽车。

燃料类型	2006	2007	2008	2009	2010	2011
柴油/电						25
电		2	70	20	138	1082
汽油/乙醇	145	269	240	140	429	884
汽油/电	8957	15972	15385	14645	22148	23373
汽油/气	39	3	26	156	121	76

图 2　2006～2011 年可替代燃料汽车的注册登记情况

预计英国插电式电动汽车市场从2015年开始将飞速增长，这和英国汽车委员会（Automotive Council）的新型汽车创新和发展小组（New Automotive Innovation and Growth Team）的“产品开发路线图”（Product Development Roadmap）（见图7）一致。

专家预测从2015年开始将由一系列因素推动其应用推广，包括消费者的接受度、汽车方面的发展和对充电基础设施各方面的支持。

能够推动电动汽车推广工作的重大进展包括蓄电池成本的降低、车辆续航里程的增加，以及对电动汽车用户的干预和激励政策覆盖的范围。

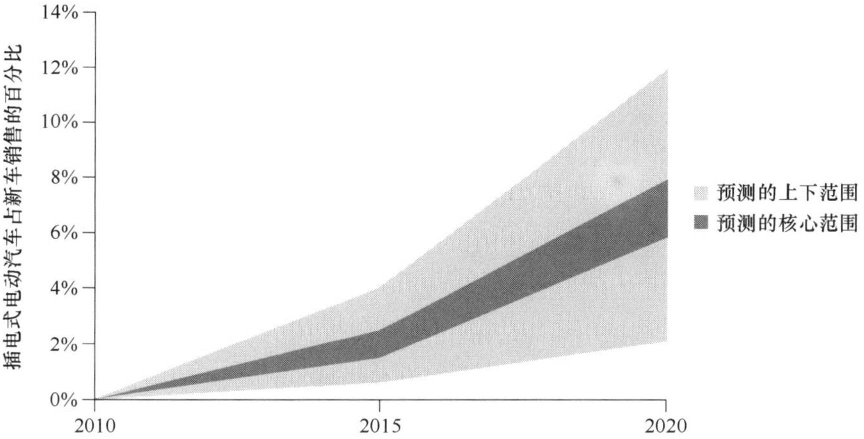

图3 2010~2020年插电式电动汽车销售预期

• 推广电动汽车最低等级的情景是，对电动汽车用户不加干预，也没有激励的“一切正常”的商务模式。在这个情景下，电动汽车的推广针对的是可以充电的区域，或是绿色能源的支持者，因此电动汽车细分市场较小。

• 中级的情境是，如目前的英国，在环境政策的驱动下，逐渐增加各种干预政策。目标是到2015年电动汽车的全寿命成本与传统内燃机汽车的相当，但仍限于英国城市地区的车辆。

• 高级的情境是，要进行更多的干预，包括在广大的城市和农村地区均布设充电基础设施；车辆全寿命成本与传统内燃机汽车相当；车型种类增加，包括更高续航里程的电动汽车和插电式混合动力电动汽车；还可以较方便地实现了电池租赁模式；至关重要的，更多地意识到要全面宣传电动汽车的优势。

• 最高级的情境是，对电动汽车的需求非常旺盛，电动汽车供不应求。

汽车制造商必须持续提高电动汽车的性能和续航里程，并持续开发更多种类的车型。中央政府和地方政府必须通过刺激电动汽车和对传统内燃机汽车采取惩罚的措施，来推动电动汽车市场迈向更高级的情境。后面的章节将会列举目前一些地方政府所采取的措施。

2.1.3 插电式电动汽车市场增长热点

电动汽车初始资金成本相对较高（BEV 为£ 25000 ~ 30000，PHEV 为£ 35000 ~ 45000）。并且，相对于内燃机汽车，BEV 的续航里程较短（根据制造商数据通常为 60 ~ 100mile[㊀]）。这些因素加上其他一些因素导致早期市场出现如下情况。

- 车队车辆（资料来源：*Plugged-in Fleets*，The climate Group，February 2012）的运行范围受车辆续航里程的限制，即只能在充电航程范围内运行，并且有如下情况：
  - ○ 车队车辆要在日常任务中安排充电环节，以方便使用。
  - ○ 老旧车辆通常由员工购买，作为薪酬福利方案的一部分。
  - ○ 车辆的优势是在航程范围内旅行，或是如通勤一样有规律地进行充电。
  - ○ 如果这些车辆能被免征实物福利税金（及罚款），车队公司将更有兴趣参与。

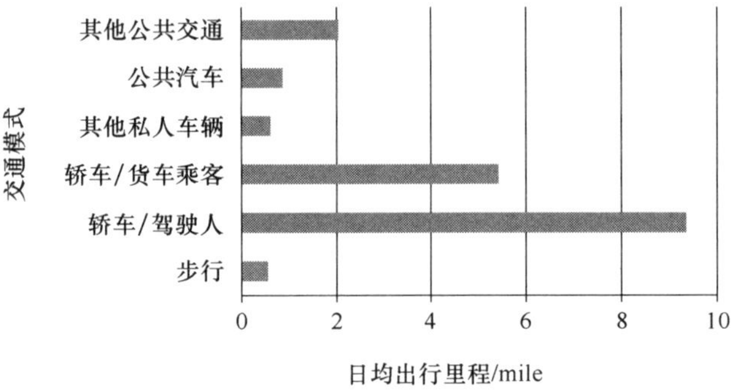

图 4　按交通模式划分的日均出行里程（英里）

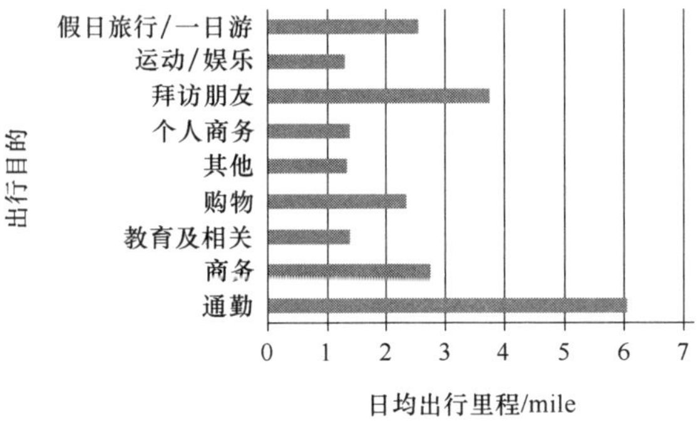

图 5　按出行目的划分的日均出行里程（英里）

㊀ mile：英里，1mile = 1. 609km。

• 家庭选购第二辆小轿车的情况对于电动汽车市场将很有可能成为主流。

• 典型的个人购车者有望会是那些收入较高、拥有独立停车位的人群，他们将电动汽车作为家庭第二辆车，并愿意购买新车，对充电里程可接受，居住在市中心或郊区。

• 和以上几种情况相对照，英国也希望那些上班路途相对较短，可以充电的居民能加入到测试中。

• PHEV 和 E-REV 有望更受市场欢迎，像代表性混合动力汽车的丰田普锐斯的用户相对会更快接受丰田的 PHEV。

2.1.4 欧盟的政策

欧盟的报告，如《关于市场推广情境和政策建议的分析（Analysis for Market Uptake Scenarios and Policy Implications）》（资料来源：http：//ec. europa. eu/clima/policies/transport/vehicles/docs/d5_en. pdf），也研究了上述一系列情境在欧盟电动汽车市场的情况。

• 分析认为（报告中的情境1），预计很有可能到2020年电动汽车车数量达到300万辆，2030年快速增长到5000万辆。

• 情境2假设内燃机汽车技术有重大突破，导致电动汽车推广不利，那么到2020年可能达到200万辆，2030年达到3000万辆。

• 情境3假设电动汽车技术快速进步，续航里程增加、成本降低，导致2020年达到600万辆，2030年有9300万辆。

在欧洲各地进行了一些示范案例研究。各自采取了不同的刺激和政策措施以推动插电式电动汽车的增长。根据各自的不同特点，充分利用更多的车型和技术，通过监控欧盟范围内各自推广的速度，就可以评估出那些最有效的刺激政策。

2.1.5 地方政府的政策和战略解读

英国各地方政府对其辖区内的空气质量负有法定责任，但目前在鼓励降低碳排放方面没有相应的法定责任。但是，人们已经达成共识，认为制定交通规划、转变交通方式促进更多的可持续出行、鼓励推广低碳车辆是改善空气质量、提高交通便利性和促进可持续发展的关键驱动力。

英国RAC基金会的报告《走向绿色：地方政府应如何鼓励推广低碳车辆》（Going Green：how local authorities can encourage the take up of lower-carbon vehicles）综合回顾了如何利用政策来鼓励推广低碳车辆。下面将会提供一些案例，说明可以怎样和正在怎样利用电动汽车充电基础设施来支持地方政府的政策。

很多地方政府采用激励政策并配合立法来鼓励电动汽车的发展，采用的政策等有如下几方面：

- 基于 CO_2 的停车政策（停车区域管制和工作场所许可），作为消费者财政鼓励方案的一部分。
- 电动汽车免费停车政策，或者经常采用的优先停车政策。
- 电动汽车免费充电政策，包括免费的高速充电设备。
- 电动汽车免除道路收费政策。
- 插电式电动汽车专用道和/或允许进入公交专用道及限制使用的道路。
- 建立低排放区和空气质量管理区。
- 对所有的新开发商业和居民区采取计划管理，鼓励充电基础设施的安装，激励就地使用插电式电动轿车。
- 将电动汽车引入到采购和供应链，尤其是地方政府自有车队，将电动汽车放进决策矩阵评估车辆的租赁和采购。
- 通过政府注资和财政支持来帮助组织机构安装充电点或个人安装家庭充电单元。

尽管推动插电式电动轿车并不是地方政府的关键战略，但是做出小小改变提供政策支持及注资私营企业投资基础设施和车辆很可能会促进市场更快速地接纳电动汽车。

许多地方政府也努力以身作则，开始为政府车队引进电动汽车。综合考虑续航里程和出行类型，就能确定电动汽车最适用的场所，以及在哪里降低燃油成本能够最大限度地节约财政资金。

提供插电式轿车和货车补助金，结合更低的能源、维修和服务成本，使得电动汽车在经济上更具有吸引力，同时也能对实现空气质量目标和绿色出行政策做出贡献。

2.2 插电式电动汽车技术回顾

2.2.1 引进和推动低碳和插电式电动汽车

有环境保护意识的用户对低碳汽车（Low Carbon Vehicle，LCV）和超低碳汽车（Ultra-low Carbon Vehicle，ULCV）技术的需求比较强烈，但是两个不同的最终目标（一个重点在碳上，另一个是空气质量）形成了有各自特色的技术。减少碳排放的重点在车辆，目前的技术如小型柴油内燃机（ICE）轿车在碳排放方面的表现越来越好。但是在城市环境下使用柴油车相对于其他技术不利于空气质量目标的实现。以空气质量为目标的车辆技术可将车辆排出的污染物降到最低。电动汽车可以做到使用过程的二氧化碳和污染物零排放。能量转化过程中产生的排放物取决于能源类型：可再生能源、核能、煤炭或气体。

结合碳排放和空气质量，英国对现有技术进行了划分（见图 6），应用于伦敦市卡姆登区。

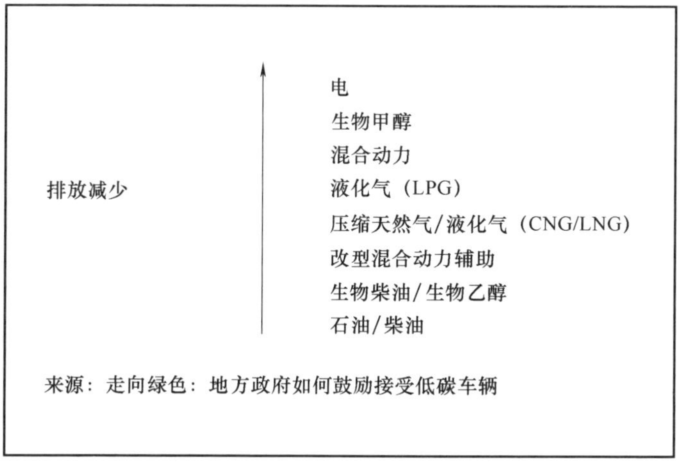

图 6　低碳交通技术层级

（资料来源：Going Green：how local authorities can encourage the take-up of lower-carbon vehicles（Esposito，2010））

如图 6 所示，对目前现有的车辆技术进行了划分。但是，设立排放和空气质量目标的重要成果之一是车辆制造商对低碳车辆技术和市场开发越加重视。

车辆制造商正在大刀阔斧地削减内燃机车辆的二氧化碳排放，通过不断改进技术，如增压（涡轮增压）技术，实现了越来越小的发动机、可替代燃料和轻量化。但是由于现有内燃机设计的限制，内燃机的热效率被限制在 20% ~30%，这和电驱动车辆 50% ~60% 的效率相比低了很多。此外，电驱动和储能系统可以再发电并存储在制动过程中消耗的能量。更高的能量效率再加上使用过程零排放，这两个优势是推动电动汽车发展的主要因素之一。

为了更好地理解可能到来的新车辆技术，英国新型车辆创新和增长办公室（New Automotive Innovation and Growth Team，NAIGT）在 2009 年和汽车委员会在行业和政府之间展开合作制定英国汽车行业战略，于 2009 年出版了其产品开发路线图 30 年规划（见图 7）。

由于欧盟 CO_2 减排法规目标（到 2015 年，新销售车辆二氧化碳排放低于 130g CO_2/km）的推动，内燃机车辆大度减少了排放量。通过改进发动机技术，车辆的空气动力学和轻量化技术，现在很多车辆都达到了英国的车辆碳排放税征收标准——100g CO_2/km 以下。

生物柴油一类的可替代燃料也可以作为传统碳氢基燃料的替代和补充。此外，

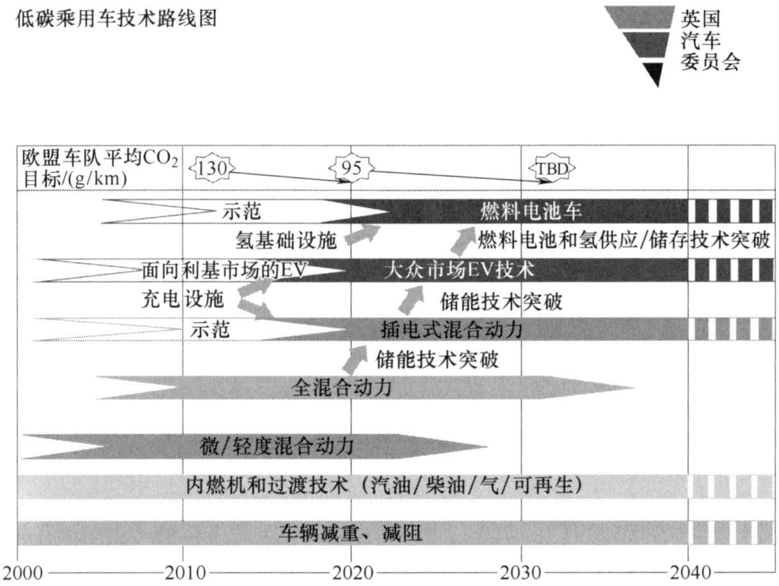

图 7　NAIGT 产品开发路线图

液化天然气（Liquefied Nature Gas，LNG）、压缩天然气（Compressed Nature Gas，CNG）和生物气也可作为主流商业化车队燃料的补充。像燃油之于内燃机一样，氢气也很有可能在燃料电池动力汽车上起到重要作用。这些技术同电动汽车一样，受到了基础设施短缺的限制。

NAIGT 认为内燃机开发会在未来几年内进一步减少排放，但是会受到收益递减法则的限制。

根据 1997 年开始的混合动力的发展情况，路线图也预计了电动汽车的效率会更好地被利用，并过渡到主要从电网中获得电力的纯电动汽车和插电式混合动力车。电动汽车的电力驱动及储能的类型和能力多种多样。下面解释一下这些不同的模式，以及插电式电动汽车充电设施的需求。

NAIGT 的长期观点认为，氢燃料电池车是交通运输部门减碳和降低污染的关键。如果氢气的来源是洁净的，那排放的唯一产物只有生成的水。但是这项技术还处于开发和示范阶段。在系统成本和鲁棒性及供应设施方面还存在很大的问题需要克服，所以预计还需要十年的时间进入主流市场。

对于货车和卡车技术，开发了一系列减少燃料中的碳和/或降低排放物的技术，以及各种提高总效率的技术一起应用在车上。这些技术包括电驱动而不是机械驱动的增程式技术和组件更换技术。

2.2.2 插电式电动汽车

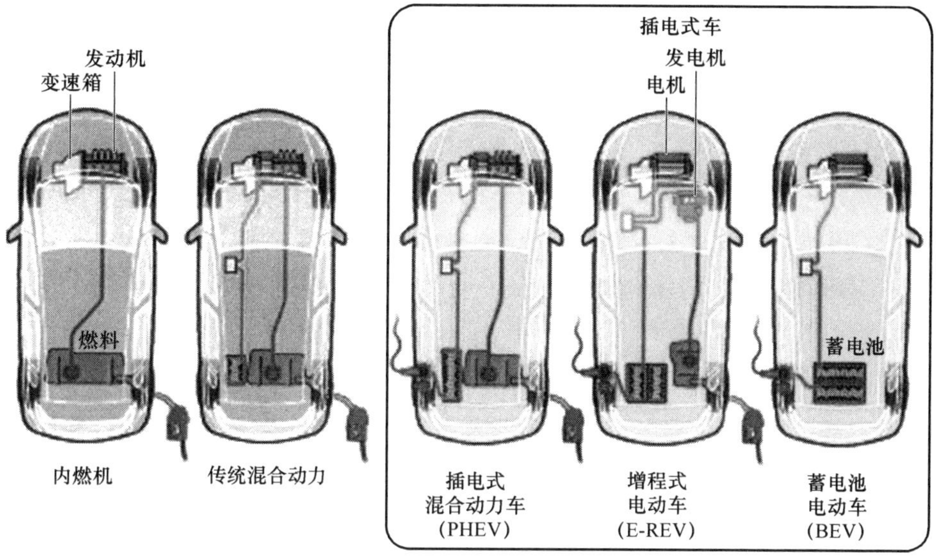

图8 插电式电动汽车分类

2.2.3 传统混合动力汽车

混合动力汽车结合了带有内燃机和蓄电池以电驱动。优点是可以通过车载发电机再生制动能量，并将其存储在蓄电池内。当车辆加速需要能量时，存储在蓄电池内的能量就被释放出来用于驱动电动机辅助内燃机。这种工作方式油耗低、效率高、排放少。混合动力汽车在市面上销售已超过15年，有日本丰田普锐斯和本田Insight汽车。英国低排放汽车办公室（OLEV）称其为“传统混合动力”，也叫“并联式混合动力”，原因是电力和内燃机都能驱动车辆。

目前，厂商正在进一步开发这样的并联混动汽车，既是为了降低碳排放，也是为了利用税收鼓励政策。一个关键的新增功能是外接电源增加已存储的制动时回收所得的电能。对于包括插电式混合动力汽车在内的排放量低于75g CO_2/km的ULCV，购买者有资格得到高达车辆价值1/4的补助金，上限为€5000。最早的PHEV案例是2012年第二季度发售的丰田普锐斯。该车电池容量更大，可以在家里、私人或公共充电基础设施上通过电网充电。通常，在切换到内燃机动力之前，其电力只可以支持短途行驶（20mile以下）。

2.2.4 插电增程式电动汽车或串联混合动力汽车

增程式电动汽车（E-REV）不是用电驱动来辅助内燃机驱动系统。在这类车辆中，内燃机驱动发电机，产生的电力存储在蓄电池中，用于全电力驱动。仅在从电网的充电基础设施获得的电能消耗殆尽之后，内燃机才发电，因此内燃机相当于一个有效的增程机，这里内燃机和电驱动是串联运作的。

这种系统有以下一些特征可以提高效率和降低排放：

• 这类车可用从电网获得的纯电力行驶，直到电池需要充电。这意味着这类车以纯电力使用的话可能达到零排放。如果蓄电池达到放电阈值，内燃机-发电机将会运作充电。

• 内燃机被设计适用于恒定负载下最大效率工作，而不是像普通车辆那样需要加速和减速，所以具有高效的排放设计。

美国雪佛兰 Volt（在欧洲其他地区命名为 Vauxhall Ampera）是市面上最早的一批 E-REV，2012 年在英国发布。该车纯电动里程大约为 40mile。

目前和即将上市的产品使用的是内燃机，但是未来会开发包括燃气涡轮和小型氢燃料电池的产品。这些将会被叫作"增程器"。

2.2.5　蓄电池电动汽车

蓄电池电动汽车（BEV）完全依靠车载蓄电池电力驱动。这类车不能自己发电（除了通过制动回收的）；其能量是通过连接到充电基础设施上获得。目前，市面上批量生产的 BEV 主要有日产聆风、三菱 iMiEV 和标致 iOn。

这些车辆的优点是电驱动基础效率高，能够在制动过程中回收能量，车辆架构非常简单。因为需要在蓄电池内存储能量，因此车辆续航里程取决于电池的尺寸和容量。目前，蓄电池技术的能量密度远低于柴油和汽油，所以电池组的体积要远大于等量的燃料罐。这是为何 BEV 行驶里程低于同类型的内燃机汽车的原因。另外一个限制里程的因素是电池组的成本，目前电池组的成本占整车成本很高（约为 20% ~25%）。

在英国，为使 BEV 获得插电式轿车补助金，BEV 必须能够单次充电行驶至少 70mile。

尽管 BEV 算是零排放车辆，但是 CO_2 排放量难以精确评定，主要是因为用电来源的关系。

英国发动机制造商协会（Society of Motor Manufacturers and Traders，SMMT）在 2011 年出版的电动汽车指南里公布了调查结果，说明了纯电动汽车的平均 CO_2 排放比内燃机汽车少（平均 CO_2/km）。部分调查结果如下：

• 纯电动汽车油箱到车轮：0g
• 纯电动汽车油井到油箱：77g
• 纯电动汽车油井到车轮：77g
• 内燃机汽车油箱到车轮：132.3g
• 内燃机汽车油井到油箱：14.7 ~29.0g

- 内燃机汽车油井到车轮：147.0～161.3g

2.2.6 超低碳车辆示例

表 1 插电式电动汽车

车 辆	类型	纯电动里程	增程	充电时间（空到满）	备 注
日产聆风 	BEV	109mile	无	10A 下 11h 16A 下 7h 50kW 下 25min 快速充电（至 80%）	
标致 iOn 	BEV	93mile	无	10A 下 7h 16A 下 4.5h 50kW 下 20min 快速充电（至 80%）	
三菱 iMiEV 	BEV	93mile	无	10A 下 7h 16A 下 4.5h 50kW 下 20min 快速充电（至 80%）	10A 下
雷诺风朗 	BEV	115mile	无	10A 下 11h 16A 下 7h 50kW 下 25min 快速充电（至 80%）	2012 年第 2 季度发布
丰田普锐斯（插电式） 	PHEV	14mile	增至 500mile	10A 下 2h	2012 年第 2 季度发布

（续）

车　　辆	类型	纯电动里程	增程	充电时间（空到满）	备　　注
雪佛兰 Volt （Vauxhall Ampera） 	E-REV	50mile	增至 310mile	10A 下 7h 16A 下 4.5h	2012 年第 2 季度发布
福特福克斯电动 	BEV	100mile	无	10A 下 11h 32A 下 3.5h	2012 年第 4 季度发布

（插电池轿车补助金名单见 https：//www.gov.uk/government/publications/plug-in-car-grant）

表 2　商用插电式电动汽车

车　　辆	类型	纯电动里程	充 电 时 间	备　　注
雷诺 Kangoo 	BEV	106mile	10A 下 10h 16A 下 6h	
标致 eBipper 	BEV	60mile	三相电 3h （单相电 8.5h）	
标致 eBoxer 	BEV	100mile	三相电 7～9h	

（续）

车　辆	类型	纯电动里程	充 电 时 间	备　注
史密斯 Edison 	BEV	55～110mile	6～8h，可 4h 快充	
史密斯 Newton 	BEV	30～150mile	8h	

（插电池货车补助金名单见 https：//www. gov. uk/government/publications/plug-in-van-grant）

2.2.7　充电技术

BEV 和 PHEV 都需要连接电网来获得能量。联网主要是通过电线，但是目前也开发出了一些可替代技术，如无线充电和电池交换站。其类型和连接功能将在本书第 4 部分和《IET 电动汽车充电设备安装实施规程》中说明。但是，在充电基础设施铺开过程中需要考虑一些标准的开发、解释和统一。初始充电点和联网是建立在 BS 1363 三脚插头的基础上的。但这个不是现在快速车辆充电和联网安全的最优解决方案。

表 3　各类充电技术

插电式充电技术	路边充电桩	路边充电桩可能比较常见，这些充电点一般都有一个或两个电源插座设备，带有锁紧盖，可以以某种形式接入。大部分充电桩是 13A 或 32A 单相充电（3kW 或 7kW）。通常用项目运营商（如 Source London 项目或 Charge Your Car 项目）提供的射频卡进行访问。这些充电桩通过 GPRS 连接到后台系统。公众能够利用这些充电桩是基本的要求。通常作为插电式车辆用户优先停车计划的一部分	

（续）

插电式充电技术	家庭和个人充电点	指能够在家庭供电和个人车辆之间精确链接的充电点。根据充电速率（一般最大为32A、7kW），对连接的安全性进行优化。通常使用充电线以方便用户连接车辆。同样，充电点具有调度功能，能够使驾驶员在特定的能源价格期间充电；同时还有各种计量器和GPRS通信功能，来显示和交互使用数据和统计数据	
	工作场所或商业场所多点充电	这一类的充电点是针对停车场的，是为多辆电动汽车充电设计的。车辆围绕充电点集中停放和充电。充电单元从单个“傻瓜”式插座，到双联、高阶能控制30个以上输出端的系统。对于需要5个以上停车位的情况，此类充电点可能减少电动汽车充电成本。其中央控制器能提供用户界面、计量功能并与后台系统连接	
	高速充电设备	为中途充电而开发，使电动汽车能够行驶更长的里程，这些机组可以在20min内将车辆的电量从20%充到80%。因为要用专门的直流连接器（插座或插头）来连接这些充电设备，所以不能兼容所有电动汽车。由于设备体积庞大、造价高昂，目前还没有在那些大量用户可能受益的公共场合安装	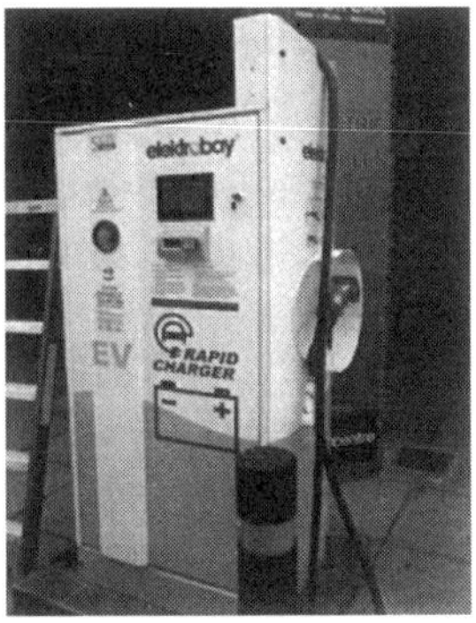
其他潜在技术	感应式充电	在成为主流产品之前，感应电力传输（Inductive Power Transfer，IPT）需要在道路上和车底布置兼容的线圈底座，并装备通信和校准系统以检测和控制能量传输。目前，这些系统是定制的，需要制造商制造一套完整的系统。系统的便利性为其最终被采纳提供了说服力	

（续）

其他潜在技术	电池置换站	如果有大量的可以相互兼容的车辆，电池置换是一个可行的解决方案。电池置换只要花费几分钟的时间，和传统到加油站加油的时间差不多。该方案资金投入大。另外，车辆和蓄电池的标准化也是采用这个方案的巨大障碍	
	车辆到电网（V2G）	车辆到电网或双向充电，描述的是这样一个概念：车辆将电力放回电网。目前已经开展了一些试验。这个概念提供了帮助管理电网性能和局部负载的机会。关键是V2G可以极大地帮助电动汽车拥有者和/或电动汽车充电基础设施经营者回流资金	

第3部分　利用插电式汽车实现地方政府的政策目标

本部分通过英国和欧洲地区的研究案例、项目和其他一些经验，来说明开发充电基础设施的早期推动者所采用的战略和开发过程。

在开发充电基础设施的过程中会涉及大量复杂的问题，下面将介绍一系列项目是如何处理如下几个方面的：

- 项目开发过程
- 和利益相关方一起工作
- 充电点选址
- 利用政策
- 互操作性
- 整合交通系统
- 电动轿车俱乐部
- 电动自行车方案
- 可替代方法的风险
- 公共服务车
- 商用插电式汽车
- 未来的问题

3.1　项目开发流程

项目经理最常给出的意见之一是，电动汽车充电基础设施项目的交付需要清晰的流程。这要求所有的利益相关方都要参与其中，并在合适的时间解决所有问题，否则就会面临工期延误和预算超支。

案例1　欧洲电动汽车及交通网络专项（European Network of Electric Vehicles and Transferring Expertise，ENEVATE）

重点：开发可持续插电式电动汽车充电基础设施的一般过程

ENEVATE是一个贯穿欧洲西北部的项目，各方通过Interreg Ⅳ计划共同出资实施。项目目标是，通过研究欧洲西北部插电式汽车相关活动，并让社会公众了解研究结果，来加速电动交通的进程。该项目更多信息见www. enevate. com。

该项目主要包括以下5个工作包：

1. 电动汽车技术
2. 可持续供能基础设施

3. 市场驱动力和电动交通概念

4. 试点项目

5. 促进和加速创新

第 2 个工作包是与英国 PiP 和非 PiP 项目，以及爱尔兰、佛兰德斯地区、德国瓦隆尼亚区、法国和荷兰其他一些合作方一起，为电动汽车充电基础设施的开发定制流程。

常规流程已写成一个工具包，目前正在欧洲西北部若干个项目进行测试。常规流程最初是在英国经验的基础上开发的，正在被其他地区逐渐吸收。尽管有一定的改编，但是最初的调查结果显示，尽管市场条件、政府政策等各有不同，但是总体流程仍是非常相似的。

依工具包制定的流程如下：

（1）项目战略和设计

- 项目战略和设计，描述的是项目的最初阶段，定义了项目目标、范围、高水平充电基础设施的开发和运行模式。
- 目标和范围受政策、资金需求和长期意愿的影响。
- 这个阶段也需要考虑项目领导者与任何一个战略合作伙伴之间的关系，这些关系将会影响交付和运营模式。

（2）项目规划

- 项目规划阶段就是增加细节，以及在战略和实施之间架起桥梁。
- 项目规划阶段的关键要素之一是，识别通向交付阶段的所有需要管理的因素，为建造、进度和预算编制提供指南。

（3）项目实施

- 项目实施涉及的是实现项目的具体细节和实际内容，包括基于前期项目的各种实例——进程图、进度计划和合同文件。

（4）项目运营

- 项目运营注重的是，从基础设施安装到长期成功运行的各方面的问题。
- 该阶段的目标是，突现各种可预期和管理的一些潜在的不利因素和挑战。

图 11 所示结构对各部分需要考虑的问题进行了更为详尽的说明。但是，其中有些因素在一系列项目中曾引起如下各种问题：

- 战略
  - 一些项目遇到的困难其实是在战略阶段没有充分考虑运营的各方面因素所导致的。所以，需要注意去理解长期运营成本、不利因素、风险和机会等因素。
- 进度
  - 项目中的场地签约花费的时间一般都会比预计时间多，特别是对于私人部门主持的项目来说。一般来说，需要预留 3～12 个月的时间，积极地进行利益相关方管理可使花费的时间降到最低。

○ 配电网运营商（DNO）要在90天内对入网请求做出回应。各项目反映出不同DNO在这方面的差距是巨大的，因此要对这方面加强管理。

○ 制定相关交通管理条例（Traffic Regulation Order，TRO）很费时间，最好能够通过选址加以避免。一些委员会已提交了大量TRO方面的申请，来加速相关工作。

○ 因对供应链中硬件和内部资源方面的需求不断增长，充电点相关设备的采购前置时间正在发生改变，这就需要和供应商紧密合作。

- 技术

○ 如果技术已落伍，则会浪费时间和金钱。要确保采购过程允许足够的灵活性，以便容纳新成果和新的供应商。

- 成本

○ 资金成本，特别是安装成本，是十分昂贵但可控的。使用一系列的评估方法和惯例，以及与合适的利益相关方共同工作，可以将成本最小化。

○ 运营成本要依据供应商协议全面分析，并将之引入到长期成本模型中。

- 利益相关方的参与

○ 不应过高估计利益相关方在早期启动阶段的影响，以及在后续过程中起到的作用。

- 互操作性

○ 良好的互操作性将会巩固长期运营模式，并会直接影响驾驶人的体验，所以需要一开始就作为考虑因素。

- 退出战略

○ 这是针对长期运营成本、未来的扩张、风险模式等的计划。做得越好，长期运营越可能取得成功，对潜在投资者和/或运营者的吸引力也越大。

示例

1. 现场交接

a. 调试设备。对于各种设备，有的能自我初始化，有的需要负责的后台供应商进行一系列初始化操作。在已连成网络的系统上，要确认可以进行通信，并远程安装白名单。

b. 为确保电动汽车用户可找到充电设备，安装过程中还要重视标志牌（路标）和标识图方面的工作。理论上，在安装主设备时，应同时安装标志牌和标识图，并在投用前完成。

c. 完工时，应准备交接包交付给后续（充电桩）负责单位。此交接包有如下几项内容：

- 安装过程的安全测试和电气测试文件，含接地电阻测试详细数据。
- 各维修面板和馈电柱（feeder pillar）的钥匙（如可以的话）。
- 使用说明和制造厂商的各种文件，包括各种测试证书、问题解答文件和合格证的复印件。

- 各设备详情和序列号。
- 设备（充电桩）附带的射频识别（Radio Frequency Identification，RFID）标签，除非标签来自不同的厂商。
- 充电桩及相关编码。
- 充电点登记中心（Central Charge-point Register，CCR）的公告。

2. 项目计划

图 9 所示的甘特图介绍了根据甲方协议推动的充电点安装时间表。

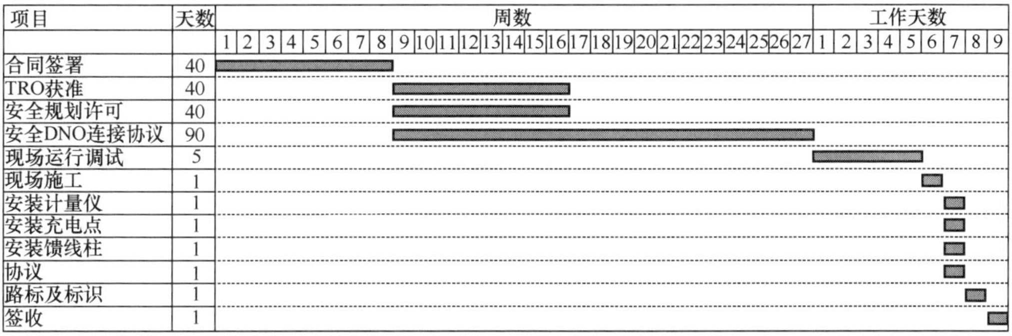

图 9　典型的充电点安装时间表

3. 资源配置

图 10 给出了整个项目中需要怎么样的资源配置。一般来说，从项目一开始就要求实现利益最大化，所以不能直接安装有形的充电基础设施。随着项目的实施，由于开发充电点和后台业务上的投入，需要的资金会越来越多。

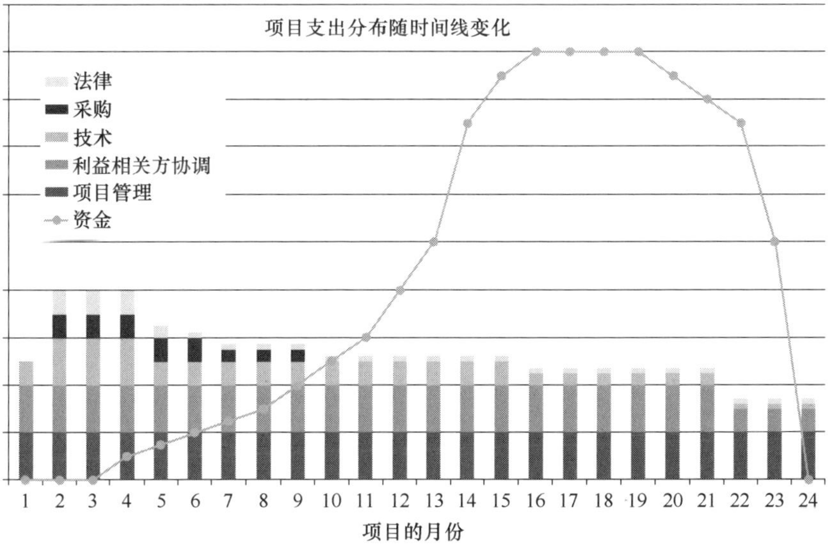

图 10　电动汽车充电基础设施项目支出分布参考

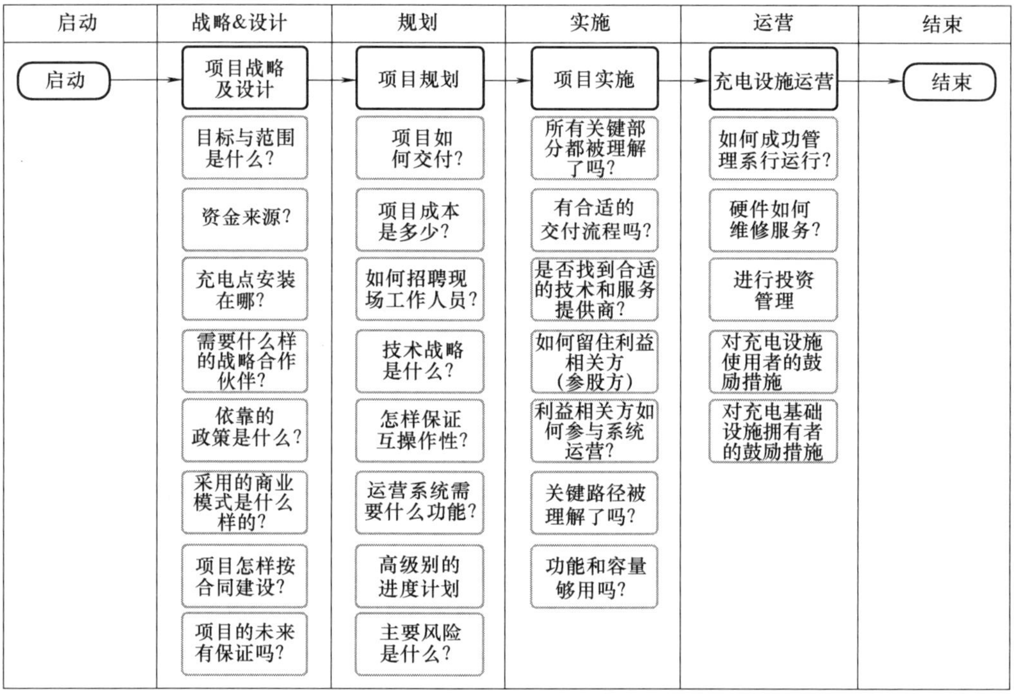

图 11　项目开发过程关键内容

3.2　和利益相关方一起工作

那些非常成功的电动汽车充电基础设施项目，都是在开始阶段就极为重视锁定关键利益相关方，并与它们建立良好的关系。

> 与地方政府和宽泛的利息相关方集群进行沟通是非常重要的。所有的 PiP 项目都认为和地方政府建立高水平“插电式项目联盟”能帮助项目取得成功。更高级的则能成功协调政府规划、环境和空气质量各方面的要求。
>
> ——英国 PiP 项目

> 支持 Charge Your Car 项目成功的最主要的因素是区域性采购。该采购方案得到了英格兰东北部地区开发机构 ONE（One North East）的大力支持。它适时到位地协助充电桩所有者将这一创新贯彻到底。ONE 是 2008 年开始这项工作的。
>
> ——乔西・沃德尔（Josey Wardle）
>
> 英国 Charge Your Car 项目经理

在最初的接触后，持续进行利益相关方管理是保证过程顺利进行的关键。

从战略制定到城镇和农村规划、交通规划、停车，设施、产权、车队管、气候变化、可持续性等，政府部门很多人需要介入其中。这些功能部门需要在不同的阶段介入，但是通过“行程（journey）”管理各方的沟通方式已被证明尤其有效。

尽管出现了私企参与者，但是英国布里斯托（Bristol）市议会（即市政府）还是认为应为吸引电动汽车用户负责，并且正在和私企合作开发优化解决方案。太阳能充电点正安装在城市的私人停车场（如英国 NCP[㊀]集团）。布里斯托市议会正与它们合作，优化其布局。
布里斯托市议会也致力于到威尔士的电动车高速充电网络和设施的建设，即在部分酒店和家庭旅馆安装充电点。

DNO 是保证项目进度的关键，要在项目开始阶段介入。原因有三：一，DNO 的强制回复期为 90 天，所以要与其紧密合作使过程更为简单，这对各方都有好处；二，让 DNO 参与充电点选址，才能保证连接最经济；三，接入配电网需要 DNO 批准。

DNO 负责保证各方都能得到稳定可靠的电力供应。电动汽车充电会使局部电网负荷显著增长，当初电网设计的时候并没有考虑该问题。因此，在需要将如路边充电桩之类的电动汽车充电装置接入电网时，需要和当地 DNO 联络。如果充电设备在某个特殊地方会导致负荷的显著变化，也需要咨询相关 DNO。

——乔恩·伯德（Jon Bird）
英国北方电网公司可持续发展部负责人

与 DNO 达成的早期协议是充电基础设施项目取得成功的关键。它也是理解 DNO 商业和工程方面各种要求的关键，因为这些要求在公司内部可能并不总是一致的。东英格兰和米镇（Milton Keynes）的 PiP 项目建议在组织内找一位关键的“有益先生（Green Person）”，负责沟通战略和解决问题。另一个建议是在 DNO 自己的物业上安装第一个充电点，这样团队可以在受控环境下学习如何安排项目进度。

——英国 PiP 项目

电力供应商应参与其中，特别是地方政府现任的供应商。供应商们都要选择采用何种赞助方案，并提供电动汽车相关收费标准，也要为实施方案提供电能计量设备。

因为插电式汽车和充电基础设施必须彼此依存，所以与插电式汽车制造商和零

㊀ NCP：National Car Parks，（英国）国家停车场（集团）。

售商合作有助于为消费者提供更为成熟的建议。目前，Charge Your Car 项目与日产公司在英格兰东北部地区，Source East 项目与美国福特公司、通用公司在英格兰东部地区，都建立了强有力的合作关系，让经销商可以给购车方展示相关地区充电基础设施的情况。

英国各地方政府在其行政区域内所拥有的停车位数量各不相同。例如，谢菲尔德市议会拥有谢菲尔德市中心大部分的停车场，而利兹市议会则几乎没有。不管是哪一种情况，停车场管理方要为布设公共充电基础设施提供可选方案。英国 NCP 集团已经开始在其几处停车场安装充电点。早期同独立的停车场管理方进行的讨论，会显著影响地方政府安装其自有充电点的程度。

许多项目同主要雇主、土地所有者、零售商和休闲服务供应商成功合作，来创建分布式充电基础设施。有一些项目正在英国全国范围内开发基础设施，如 Little Chief 项目；而其他的项目目前将精力集中在部分试点地区开发试验充电基础设施。无论如何，大组织的决策过程通常要复杂一些，因此早期约定是很必要的。

按目前行业变革的速度来看，在项目早期阶段和技术供应商或独立企业建立良好关系比较重要。充电点成本、功能区域、改良和设计都在快速变化，因此开发的系统要集成最新的技术。例如，英格兰东北部的 Charge Your Car 项目，作为 PiP 项目的先锋，它在路边安装了很多地装式、3kW 单插座、输出电流为 13A 的充电点。两年后，大部分项目安装的都是近 7kW 的双插座电源，插头也升级为 2 型插头，并且如果条件允许的话，项目一般安装的都是壁挂式充电单元，只有路边这样的情况下才不采用壁挂式。这里提供的技术说明可确保设备的互操作性，能和目前使用的实施规程兼容，但是相关情况仍会继续发展变化。

写作本书时，插电式汽车充电基础设施的运营方式很可能正在经历最深入的研究开发。有各种充电设施运营系统，如各英国 PiP 项目独立开发出了 8 套系统，各充电点制造商［从 POD Point 公司这样的中小型企业（Small and Medium Enterprises, SME）到德国莱茵 RWE 集团这样大型的能源供应商］开发了独立系统，以及其他独立组织机构如美国 IBM 公司和英国 Logica 集团开发的系统。这些系统被快速开发，并能提供了一系列的应用模式。早期的项目经验可以帮助选出最佳模式。

在项目早期阶段，让交通模式可替代的运营商（如公共交通部门、汽车俱乐部、汽车租赁公司和出租车公司）参与进来被认为是可以促进产生创新的联合系统。

3.3 规划充电基础设施

写作本书是，在英国路面上插电式电动汽车很少（约 1100 辆），但是根据相关工业研究预测，到 2020 年插电式电动汽车将占新车销售的 6%，如图 3 所示。电动汽车试驾和试验工程说明 BEV 将是最适合城市使用的，因此，相比别的地方，它们对城市和城郊交通的贡献可能要大得多。但是，预计插电式混合动力汽车和插电增程式混合动力汽车的增长将是各类电动汽车中最快的；并且它们的续航里程与传统内燃机汽车相当，这给人们提供了更多的可能性。适当的联合的插电式电动汽车政策的出台，是满足一系列政策目标的有效措施。

> 英格兰东北部地区有超过 100 辆电动汽车，部分属于商务和私人用车，同时有 43 辆属于 SWITCH 电动汽车示范工程。相对于该地区占英国 4% 的人口来说，其销量占英国销量的 10%，这是非常重要的。在该地区两个经销商开展了积极的工作，让大众了解电动汽车，从而帮助创造了一个易于接受电动汽车的环境。英格兰东北部地区目前是英国对电动汽车概念最为开放的地区。
>
> ——乔西·沃德尔（Josey Wardle）
>
> 英国 Charge Your Car 项目经理

在充电基础设施开发早期，要着重强调的是项目选址应在醒目的市中心街道上，为的是给早期的采用充电基础设施的消费者提供信心，并给公众传达电动汽车到来了的强烈信息。但是，这样的地区地价高昂，常会造成收入上的损失，而且将之改造成停车场的花费也很高。并且，路边充电也通常意味着充电时间相对受限。

车辆试验研究表明，工作场所和家庭充电基础设施是早期满足电动汽车驾驶人需求的关键。

高速充电设备方面也得到了发展，随着需求的增长，在主干道路及周边地区进行初步建设，是很受电动汽车驾驶人欢迎的，也得到了很好的利用。由于成本和供电需求的关系，高速充电设备的选址对于保证其良好利用是极其重要的。

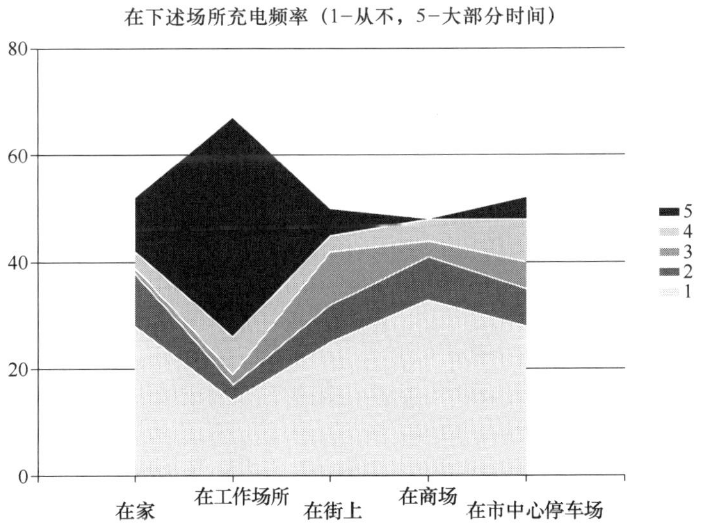

图 12　基于用户反馈得出的充电点选址重要程度分布

最好的方式是，根据用户要去哪儿来着手规划充电点，而不是根据所在地利益来建充电点。有的电力接入的成本可能会高到难以接受。英国米镇的PiP项目发现，最佳方式是获得供电法定图则，并识别出合适的地点；并且，图示情况很可能和现在的实际情况不完全一致。

——英国 PiP 项目

3.4 充电点选址

有一些因素会影响最佳充电点的布局位置，这些因素分为两种类型：影响总体空间布局的因素，如在市中心里；影响性价比的因素。

3.4.1 充电点布局

标志牌是一个高性价比的方式，能让充电点更醒目。在醒目位置安装几个标志牌会给人们留下亲身体验。英国 PiP 项目证明，人们对这些充电点兴趣盎然，并且这种醒目的标志牌增加了人们的了解和认知度。

项目中 43 辆试验车的多数驾驶人说，人们会在停车和充电的时候询问或“盘问”他们。在经过英国纽卡斯尔的时候非常常见，也会见到人们研究和讨论充电点的情况。

一些驾驶人表达了在相对高犯罪地区进行充电的担心，但是在项目整个试验中，只有一条线缆被恶意损毁，两条被拔了下来。积极的一面是，有一条被拔下来的线缆被某人仔细地缠好放在了车辆旁边！

——利兹 · 加里（Liz Gray）

英国 SWITCH EV 项目

PiP 项目建议比预期设定更多的场景会带来很多好处，因为只有部分场景是适用的。各项目也同意，对早期多功能场所的讨论的成本高、耗时长，但会带来收益，能为后期的安装提供实用的决策。

——英国 PiP 项目

规划指南规定，到城镇停车场的理想步行距离是 200m，而 400m 是可接受的距离。电动汽车充电点布局上的便利性应与此对应，同时优先考虑首要用户群体。

虽然广泛布设充电点看起来很有吸引力，但是在部分区域集中安装较少充电点的建议非常受重视。这样做可以让充电点更容易被找到，特别是在提供充电基础设施又安装了标志牌的情况下；并且，还可以增加用户的熟悉度和充电点的使用度，从而对电动汽车出行产生积极的影响（稍后讨论）。还有两个重要的优势：第一，充电点集群的利用度很可能更高，因此需要安装的充电点较少；第二，在征收充电费用的情况下，更高水平的利用率能保证更好的投资回报。

充电点集群在接入电网方面也会带来好处，如果需要升级改造，只需要针对一条常规线路即可。DNO 认为，这样可以减少成本，安全性也更高。

另外，也可以为了支持政策倡议而安排充电点的布设。虽然目前路面上几乎没有电动汽车，但是随着数量的增长会让优势更加确实。假定要为服务某特定用户群体来安排充电点的布设，那么具有如下因素的情形可优先考虑：

- 能够促进电动汽车推广（通过对特定地区提供优惠）。
- 能够利用专用道路来提高电动汽车比例，从而减少噪声和排放水平。
- 能够建立一体化出行系统，将电动汽车和公共交通或自行车交通方案联系在一起，也可能是将内燃机和电动交通联系在一起。
- 能够开发低碳交通枢纽，并支持一体化低碳交通系统。
- 能够使电动汽车驾驶人不局限于专用道路，从而减小交通流量。
- 能够为使用电动自行车的较低收入群体提供充电便利，以利于促进更多的分散就业机会。
- 能够在可预见的未来创造机会来实现车辆到电网（V2G）运营的潜在效益。这可能利用电动汽车的内部能量存储能力，在晚上用较便宜的电力给车辆充电或者起到移峰的作用。
- 能够为通勤者开发自定义的电动汽车线路，如这样可为电动汽车用户提供额外的好处或者激励。

这样可以获得多种短期和长期效益的方法，再结合多目标规划方法论，是可很行的。

3.4.2 面向用户的选取地点

在多个特定用户群体可利用的地点安装充电点，这也很可能让充电点利用得更充分。用户会在停车超过 1h 的地方顺便充电。例如，位于带停车场的商业区的充电点，其使用程度要高于超市的，逛超市的用户一般停车 20min 左右。

在高收入职业场所附近的充电点，或者是工作人员一般通勤上班的充电点，很可能使用得更充分。

从投资回报的观点来看，在能提供年度停车证的停车场布设充电点更具吸引力。通过提供年度停车证的方式，停车场运营商可以基于电动汽车用户需求安装充电点，从而支持相关投资——充电点变为直接成本而不是间接成本。

对位于停车换乘点和交通枢纽的充电点可制定规定，保证充电车位不被那些一会即充满电的车辆长时间占用，这也是合理的。再次强调，停车证可能会解决这个问题。

考虑到有证据表明驾驶人感觉的或实际的行驶里程限制会影响电动汽车的接受度，那么为长距离休闲旅行提供便利地来布设充电点，会有效帮助驾驶人进行长途旅行。许多机构，如英国皇家保护鸟类协会（The Royal Society for the Protection of Birds，RSPB）、英国国家遗产基金会（National Trust）和英国湖区国家公园（Lake District National Park）正在所属区域安装充电点以满足该目的。

> 安装在英国诺森伯兰郡英国国家遗产基金会所有的 Cragside 庄园的那些充电点真是太棒了。有了它们，我们就可以开着日产聆风电动汽车在外一整天了，结束旅程之后就可以用充电点充电。充电点也是停车场中人们关注的焦点。我想一些英国国家遗产基金会的成员是符合日产聆风电动汽车的细分市场目标的，这肯定会引起关注。一开始人们感兴趣的是充电点，之后就会是关于电动汽车的方方面面！
> 英国 A1 高速公路上也安装了类似的高速充电设备，让人们可以选择使用电动汽车从英国纽卡斯尔开到特威德河畔贝里克郡。
>
> ——格雷厄姆·特尔弗（Graham Telfer）
> 英国 SWITCH EV 项目体验者

3.4.3 高速充电设备选址

国际的及英国的车辆试验经验表明，更多布设高速充电设备是未来的发展方向。

日本的经验表明，在无高速充电设备的情况下，即使电动汽车电量足够旅途之用并可以方便地在目的地充电，用户进行长途旅行的意愿并不高；高速充电设备能让用户更愿意进行长途旅行。

英格兰东北部地区的示范项目也发现，在英国盖茨黑德市美琢购物中心（Metro Centre），用户在快速购物时会使用高速充电器（位于紧挨着购物中心的马莎百货）。

关于高速充电设备的使用，目前的观点是高速充电设备有四种核心用途，所以要参考以下要求进行选址：

- 让驾驶人能在相对较小半径区域（如有卫星城的大城市）内进行长途旅行。
- 让驾驶人出行里程更长，通常在主干道路关键地点安装高速充电设备。英国 Charge Your Car 项目已经这样做了。
- 让没有路边停车位的驾驶人不必离开日常行车路线去充电。

- 只是为了增加电动汽车使用的灵活性。

安装一个高速充电设备的成本一般为£30000，所以让其得到最大程度的利用要比使用 3kW 或 7kW 充电点重要得多。

高速充电设备总体要考虑的各方面因素与前面提到的充电点的考虑因素相近，跟充电速度快慢没有关系。但是，高速充电设备的电网负荷要大得多。因此，一般来说电网改造的费用可能更高。为了避免资源浪费，当地 DNO 需要从一开始就参与进来。

3.4.4　资金效用

由于地装式充电点的土木工程费用约占安装成本的 50%，而壁挂式充电点更经济，因此更倾向于把充电点悬挂在那些如多层停车场[㊀]墙上、建筑物外墙或者其他地点。把充电点悬挂在墙面上同时也便于配电箱的连接。

此外，由于原来的安装成本很高，那么在那些不需要开挖和复原沥青的软地面（如花坛）进行安装费用就更低。

能安装在新建筑物上更好，特别是新建筑为将来扩张预留多余管道的情况下。

电气连接方面的成本也很高（一般占 10%）。但是，如果需要改造电网或者需要加长电缆，那么其成本占比会高得多。DNO 和安装承包商需要在早期阶段就参与进来，以便万一成本不断上升，可以重新选址。

3.5　利用政策推进电动汽车充电基础设施开发

由于排放、空气质量、噪声和气候变化相关的政策在国家层面上并不是完全一致的，因此充分考虑所有这些政策，在选择充电点位置时分轻重缓急，会带来好处。

进行充电点布设可以实现低排放的目标，虽然是渐进式的。通过将标准停车位变为电动汽车充电位，会增加电动汽车的比例，也会带来其他的相关利益。

根据上述内容，通过充电点的选址也可以影响充电点的交通流量。所以，选择安装在某一停车场会影响驾驶人相关的交通路线。

许多英国地方政府已利用《城市规划法案》106 条款来鼓励开发新充电点。充电点的数量占总停车数量的比例还未明确规定。

英国伦敦格林尼治区和其他一些地方的政府采取的方法是，用 106 条款征收资金建立中央资金用于更多的低排放措施。例如，将充电点安装在便利的公共停车场而不是一个新开发的私人停车场。

㊀ 根据多层停车场的选址情况，费用也有可能很高。

> 安装路边充电点的成本和可行性直接受到所选地点具体环境的影响。充电桩到供电处的连接距离是影响成本的关键，因为这需要铺平道路或挖开道路重新铺设的工作。成本主要在电缆的铺设，而不在电缆本身，因此 PiP 项目建议提供详细的电气连接说明。另外，还有一个前提是人行道的宽度足够容纳必要的路边充电设备，狭窄的步行街会让充电点和标志牌成为行人的障碍。
>
> ——英国 PiP 项目

几乎没有几座城市的市议会赞成改变政策让电动汽车使用高速路的优先车道。

免费停车已成一些地方政府提供给电动汽车用户的福利，如英国纽卡斯尔市泰恩河畔；与之相反的其他城市，如伦敦，停车是按正常价格收费的。如果充电点安装在繁华区域，免费停车也有问题，除非汽车数量增加，否则会有停车收入损失，并且充电基础设施很可能得不到充分利用。

某些私人和公共停车场已采用优先停车方式，一般是在主入口附近提供一些充电车位等。其风险是停车位的利用度不够，但是也可以用来表示对电动汽车的支持。

一些地方政府，包括英国克里斯地区在内，已为符合要求的驾驶人开发一系列支持低碳交通措施的方案。克里斯区议会的“Big Green One”计划为碳排放量不超过 100g/km 的车辆用户在指定停车场的年度停车证提供 50% 的优惠，并为电动汽车用户在指定停车场提供免费停车。

在 PiP 项目之外，英国的电动汽车充电基础设施项目也在南部海岸开展。在当地政府的联合支持下，也推出了很多复杂的政策。

案例 2　英国南部海岸电动汽车充电网络

重点：合作发展政策

1. 项目概述

各方合作开发地方电动汽车充电网络。英国西萨塞克斯郡保证留出 20 个地点安装电动汽车充电点，布莱顿-霍夫市为 6 个，东萨塞克斯郡为 3 个。另外，还制定了计划将网络扩展到汉普郡、肯特郡和萨里郡。萨塞克斯空气质量（Sussex-air）合作组织各合作方已牵头开发一体化电动汽车充电网络。

作为鼓励人们采用电动汽车战略方针的一部分，Sussex-air 合作组织和地方政府及交通部门合作，在英格兰东南部开发一体化“全开放”（即互操作性）公共电动汽车网络，2012 年已启动。一个试验性的“付费使用”电动汽车网络也将贯通东、西萨塞克斯郡和布莱顿市。该项目能让当地电动汽车用户使用所有萨塞克斯郡的电动汽车充电点，不需要预先加入计划，仅付费就可使用所有的充电点。该项目也能让其他地区，如伦敦市、东英格兰地区或欧洲其他国家的电动汽车用户在萨塞克斯郡轻松充电；还创建了英国南部首个“全开放”电动汽车充电基础设施。通过与合作方合作，该网络也会发展成覆盖汉普郡、肯特郡和萨里郡的“开放”网络。

通过 Sussex-air 合作组织，萨塞克斯郡议会已和低排放战略合作组织合作，制定政策措施减少温室气体（Greenhouse Gas，GHG）排放，并持续改进空气质量。Sussex-air 合作组织正通过一系列政策措施将各低排放战略（Low Emission Strategy，LES）融合到规划政策中。实际成果包括东萨塞克斯郡刘易斯市的社区汽车俱乐部，以及在当地建设电动汽车充电基础设施。

它们采用的方案是，鼓励进行各方面开发，将与交通排放相关的影响降到最低；采取缓解、补偿措施，降低与交通排放相关的影响。该方案包括现场和场外排放两方面的缓解措施；并且，采用有利于地方减排发展计划或扩展地方激励政策的定价补偿措施，来减少温室气体和污染物的排放。

作为规划的一部分，要求开发方签署法定协议，为不满足规划条件的开发地点或非开发地点提供充电基础设施和/或服务。

方案正在英国萨塞克斯郡推行，包括由各议会正执行的低排放缓解措施的评估。对缓解措施进行评估的出发点，是明确议会需要什么措施来补偿或减轻（通过法规）交通排放的影响。

此外，开发方也被要求制定一条 LES，以明确可供采用的低排放减排措施。该 LES 是开发方案的一部分，或者开发方案中与交通相关的战略。

电动汽车被认为是潜在的缓解措施之一，所以要制定缓解措施和补偿措施来鼓励引入电动汽车和安装充电基础设施。

（1）缓解措施：电动汽车停车

1）家用

- 带车库的家庭住宅的一体式电动汽车充电设备要达到一定比例。

2）家用/商用/工业用

- 电动汽车停车位在全部停车位中占一定百分比。
- 超前考虑电动汽车充电基础设施建设，为未来电动汽车的推广留出空间；为未来增加的充电点预留插座/导线、电能表等。

（2）缓解措施：低排放汽车/电动汽车汽车俱乐部

- 让居民和商业用户建立车友会。
  - 开发的规模会影响车辆、停车位和俱乐部会员的数量。
  - 计划未来将建立至少 100 个家庭低排放汽车/电动汽车俱乐部，其结构类似传统汽车俱乐部。

2. 开发规划政策

各新开发项目的各种排放物的综合作用会降低空气质量，造成温室气体增长。

目前，空气质量评估只针对那些对空气质量有“显著”影响的新开发项目。但是，各种实际的 LES 可以将所有新开发项目的排放降到最低。英国萨塞克斯地域集团认为需要在相关规划框架中制定能帮助实施各 LES 的一系列“政策锚（Policy Hook）”。该地域集团的核心目标是，在地方发展框架下纳入关于气候变化和空气质量的一系列强有力的政策声明。

英国萨塞克斯郡正在制定关于地区空气质量和 LES 的指导性文件。其工作是基于 LES 合作组织的指导意见，以及其他地方政府的一些最佳实践案例的。该文件旨在提供最佳的实践指导，以帮助评估空气质量的影响，并提供依据国家规划政策指南的缓解措施，以及介绍 2012 年 3 月发布的《英国国家规划政策框架》（National Planning Policy Framework，NPPF）。

该指导性文件可为开发方、咨询人员和规划专家提供指导，评估基于 LES 的新开发项目申请，可促进如汽车俱乐部和电动汽车充电基础设施方面的主动性。文件由 Sussex-air 合作组织在 2012 年制定。

> 低排放战略合作组织（LES Partnership）
> 低排放战略合作组织致力于通过加快部署和推广低排放交通燃料和技术，来减少交通方面排放。
> 它们通过协助地方政府发布和实施低排放政策、战略和措施，来推进这项工作。
> 它们尽可能采取联合行动，达成既降低有毒气体污染物又减少温室气体排放的目标。
> 它们认为技术解决方案是整体向可持续交通和出行转型至关重要的组成部分。
>
> ——www. lowemissionstrategies. org

3.6 推进互操作性

互操作性是英国现阶段电动汽车基础设施开发所面临的关键挑战之一，充满变数。以下案例演示了英国 Source East 项目[㊀]中 PiP 子项目是如何处理这个问题的。

案例 3 英国 Source East 项目

重点：互操作性

电动汽车用户关心的一个焦点是有没有地方充电。公共充电点能带给用户信

㊀ 英国 Source East 项目的目标是提供覆盖东英格兰地区的便捷充电网络。

心，鼓励他们购买插电式电动汽车。少数大型地域性的基础设施项目引领了各类充电系统的应用。这些充电系统通常是基于会员制的。这样有助于用户在所在地区内出行，但是如果用户跨区出行，则难以使用其他地区的充电设施。英国各 PiP 项目从开始时就非常希望实现互操作性，但是遇到了很多困难，目前仍然是所要解决的关键问题之一。

东英格兰地区紧邻大伦敦区和米镇（Milton Keynes），居民常需要跨区出行（见图 13），其中很多出行线路是适合使用电动汽车的。在类似东英格兰地区等插电式电动汽车用户较多的地区，缺乏互操作性是最棘手的问题。英国 EValu8 公司确认了这一问题。该问题已成为项目的关键。

图 13　英国 Source East 项目后台管理系统

1. EValu8 公司概述及背景

EValu8 公司是在 PiP 项目下组建的，负责确认汽车供应链、工程部门、大学和私人部门对开发电动汽车的市场偏好度。如果某地区包含多个城市中心，并且所处位置、社会人口特征和结构都便于现有电动汽车出行，那么该地区是适合早期推广电动汽车的。

相关项目计划在 2013 年安装 100 个充电点。EValu8 公司主要由英国赫特福德大学主导，并具有由该地区公共和私人部门组成的指导小组。

EValu8 公司选择了一系列技术供应商，与地方政府合作在地区公共场所安装充电点，在工作场所安装充电点（主要由业主出资），在重要地点安装高速充电设备；建立了后台管理系统，并打上 Source East 项目的标记。这样可以让会员操作一套与其他 PiP 项目共享很多功能的系统，来使用充电站充电。

EValu8 公司使用了不同供应商的充电技术，就是为了解决技术无缝衔接的问题。

通过进一步的发展，可以让用户用一张充电卡、通过充电点的通信，来使用所有地区的充电点。

2. 互操作性

EValu8 公司很早就确认，插电式电动汽车驾驶人在东英格兰地区和其他 PiP 项目之间跨区出行时只需要一套易用系统。

- 基于东英格兰地区的地理位置和出行模式，很多电动汽车早期用户需要跨区出行；而由于该地区现有的和正在开发的充电基础设施的状况，还需要在多个地方安装充电设施。特别是，东英格兰地区和大伦敦区之间还存在大量的通勤交通的情况。
- 消费者对一套一体化系统的需求决定了，互操作性是 EValu8 公司要优先解决的问题。
- 各地区所用系统的会员制度不同，收费和收费方式也都不相同，这会给消费者带来麻烦，也会给消费者信心本来就不足的市场增加困扰。

3. 相关技术

挑战：实际应用了几种射频识别标签，其加密级别和唯一标识符都相同。系统需要确保后台管理系统能够识别所有种类的标签并与之通信。

目前，很多系统已能够互相读卡，但是这需要充电点供应商互相提供解码器来解码通信协议。

解决方案：EValu8 公司已和若干 PiP 项目签署谅解备忘录，意图统一技术和通信标准。

已制定的 Mifare Classic 4K 协议，可供各方使用。协议中，前 6 个字节带有每个方案独有的身份识别（Identification，ID）信息。如果都采用这个协议，采用相同的加密级别，就不需要额外的解码器了，所有的充电点之间也都能通信。

- 根据目前开发的多种方案来看，如果系统仍旧使用不同的通信协议标准，在英国国内实现互操作性将面临越来越大的挑战。
- 与一开始就实现互通相比，对已有系统进行通信升级的代价高昂，且是破坏性的。
- 随着市场的发展，实际的市场应用中很可能会出现未预料到的问题。
- 着眼于充电系统的未来，应研究最先进、最普遍、带有最佳特征和功能性的系统。

4. 会员数据通信和存储

挑战：在具体的方案下注册的会员和充电桩的数据存储在相应的后台管理系统中，而具体内容对其他独立的方案不可用。目前，Source East 项目的会员卡不能被其他 PiP 的项目识别，所以跨地区出行的会员必须同时加入两个方案、拿两张卡。

在一体化系统中，会员只需一张卡就可以访问所有地区的充电设施。

解决方案：目前，英国有三种解决方案，分别是，使用核心白名单（Central Whitelist，CL）；各电网运营商合作以便交换访问数据；通过开放充电点协议（Open Charge Point Protocol，OCPP）实现后台管理系统互操作性。

英国低排放汽车办公室（OLEV）引领着核心白名单的开发，拥有所有英国充电点和会员的数据。所有新增信息会定期更新，合作组织也可以随时下载更新核心白名单。

核心白名单包括所有充电点的状态（如是否正在使用，是否有什么损坏），以及会员的唯一的账户（即 ID）。这样能让所有的会员访问任意一个兼容核心白名单的充电方案。

- 该系统要求所有相关的利益相关者执行核心白名单系统和技术协议。
- 因为是通过充电点供应商进行通信的，而不是通过后台，所以，如果某充电点供应商倒闭会给系统中所有用户带来问题。
- 充电桩的动作信息是通过两台服务器传递的，而不是直连后台系统。

OCPP 可以使充电桩和运营商后台管理系统直接通信。这将在荷兰 E-Laad 基金会的相关案例研究中进行说明。

5. 提供会员支持服务

挑战：目前，如果会员在使用充电点的过程中遇到困难，可以拨打充电桩上的供应商电话或会员卡上的电话号码。在不同地区，处理程序不一样，没有集中式联络中心对此负责。在实施一卡多地区应用时，就需要各方认同的故障排除程序，以保证提供良好的用户体验。

问题可以延伸为，当注册在某一地区的会员使用其他地区充电桩时，如何来确认不同问题的责任方。

解决方案：英国 EValue8 公司已和其他各 PIP 项目为插电式电动轿车用户提供服务的级别和流程问题达成原则性协议。

良好的沟通是至关重要的，同意在约定的责任范围内提供服务，从而保证了用户的信心。

- 开发各种用户出行方案，其中潜在的问题会突显出基础设施运营商的需要。

6. 商业方面

挑战：不同充电系统的充电设备收费不同，会员费也不同。但是无论商业情况怎么变化，都不应阻碍插电式电动轿车在英国境内接入充电点。

解决方案：利用核心白名单及 OCPP，能够协调各充电桩和用户的收费/费用，可以接入合适的供电机构有效地对设备进行充电。

为保证所有参与方都达成一致，需要进行大量的工作，要精心设计工作规程以保证各方都能得到合理的报酬。

- 为便于使用，英国各 PiP 项目的会员费和充电费（如有）采用同一收费标准。

• 若邻近的 PiP 项目变更会员费，Source East 项目也会照办，以保持在英国国内两者收费标准相统一。

• 在开发插电式电动汽车用户组合包（包括会员制方面的相关费用）时，相邻充电方案（项目）采用相同的财务系统会更为便利。

下面的案例研究介绍了在荷兰开发的一个实现互操作性的开放式方法，以及该方法带来的一些优点。

案例 4　荷兰 E-Laad 基金会

重点领域：互操作性和 OCPP

1. E-Laad 基金会

E-Laad 基金会是由荷兰电网运营商（类似英国的 DNO）联合成立的非盈利基金会。其成立的目的是让荷兰电网运营商参与一个大规模的项目，即让它们能即时监控电动汽车对电网的影响。而英国 DNO 均担心电动汽车对电网的潜在影响，两者主动性是不同的。

该基金会由荷兰电网运营商和中央政府共同出资组建。

E-Laad 基金会是荷兰七个充电网络开发方之一，致力于公共充电基础设施的开发，特别是在公共土地上安装充电基础设施。

2. 运营模式

私人用户购买电动汽车后，可以联系 E-Laad 基金会为其安装一个或多个充电点以支持私人出行的需求。由于荷兰 80% 的私人住宅是不带停车位的，因此 E-Laad基金会提供了靠近车主住宅的公共充电点。双充电点（twin charge point）也被安装应用，以便同步容纳更多车辆。

除了电网运营商特殊的合作方式之外，联盟也应用 OCPP 的技术。初期，E-Laad基金会在英国 Logica 公司的支持下来开发 OCPP，因为它们认为至少在概念上 OCPP 是电动汽车充电设施运营的最佳方式。欧洲很多不同公司参与了最新的 1.5 版本的开发，采用了完全开放的形式允许任何一方加入。

3. OCPP

OCPP 是充电点和后台系统之间的通信协议。

大部分充电点制造商都有自己的通信协议，这意味着后台系统无法与不同制造商的充电点进行通信。因此，如果充电网络中的充电点来自多家制造商，后台系统需要通过充电点制造商的后台系统与充电点进行通信。E-Laad 基金会如今正寻求让众多制造商来参与全面施行 OCPP。

相对而言，如果采用了 OCPP，那么充电网络运营商的后台系统将可以直接与各个充电点进行通信。

除了 E-Laad 基金会的项目之外，还有一些开发方也采用了 OCPP，而另一些使用自有协议。这种部分充电网络运营商不接受OCPP的局面，主要是因为它破坏了那些提供封闭系统（自有后台和充电基础设施系统）的商业运营商的商业模式。E-Laad基金会认为这种模式会导致垄断。

4. OCPP的优势

纵观E-Ladd基金会的项目，这种方法最根本的优势是，只要设备供应商提供了OCPP接口，那么就能保证所有公共充电基础设施的互操作性。由于该协议是用在公共领域的，那么就有利于其他网络运营商整合到E-Laad基金会的网络中，有利于公共和私人网络之间的互操作。从创新精神的角度看，E-Laad基金会也认为这个方法能够减少壁垒，给电动汽车市场新（小）投资方带来更多的机会。

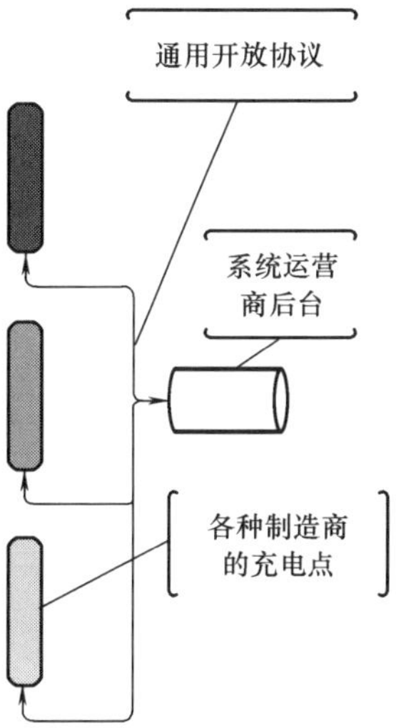

图14　OCPP原理示意图

3.7　交通系统整合

虽然利用低碳车辆是降低交通二氧化碳排放量的手段之一，但是兼顾全面性、一体性的可持续交通将会增加其影响。可持续出行城镇（Sustainable Travel Towns）项目使得轿车出行量减少了9%，取而代之的是公共交通出行和骑行的增长。

结合现有可持续交通情况，来规划电动汽车充电基础设施的推广方案，会带来多方面的好处。方案可采取如下几方面措施：

- 在停车换乘和公共交通换乘的地设置充电基础设施。
- 统一车票，使用户有便捷、良好的体验。
- 共享覆盖所有可持续交通的行销和通信数据。
- 互惠的激励性计划，如某地区充电方案下的会员可以在乘坐公共交通时享受一定折扣。
- 向各地方政府推广涵盖各种交通方式的最佳方案，包括针对每种交通模式结果的精确测量方法。

下面的案例5研究总结了英国布里斯托尔市在开发一体化低碳交通系统过程中的经验。

案例5　英国布里斯托尔市

重点领域：充电点选址和欧盟资金

布里斯托尔绿色之都组织（Bristol Green Capital partnership）希望在交通方面实现如下的愿景：

安全，适宜步行和骑行；利于就业及地方社群和谐，并努力减少高油耗、重污染车辆；地方交通系统可提供经济、低碳、一体化的交通选项。

布里斯托尔市实行了三步走的战略，来鼓励电动汽车的使用（主要针对城市30mile半径范围内的通勤人员）；并且，在不过度投资建设充电点的情况下，实现领先于充电需求的目标。

布里斯托尔市的战略包括以下三步：

- 第1步，在城市中心安装公共充电基础设施，2012年4月起已经开始运行。
- 第2步，在英国地方可持续交通基金（LSTF）的资金支持下，安装工作场所充电点。
- 第3步，在欧盟ICT4项目资金的支持下开发基于智能手机的电动汽车驾驶人通信系统。

2012年也启动了第2步和第3步。

因为城市内部的新的开发建设可能带来污染，所以基于英国《城市规划法案》106条款来征税来建立一笔基金。基金的25%用于投资建设重要战略位置的充电点。该基金结合LSTF的资金一起补贴家庭和工作场所充电点。作为交换，布里斯托尔市为该基金获取充电数据提供授权。这些数据将会用于充电网络和交通服务的进一步开发。

布里斯托尔市加入了欧盟资助的ICT4项目——EVEU。该项目目标是为欧洲电动汽车不同的或互补的试点项目上开展一系列创新的ICT服务。这些ICT服务将整合各试点城市不同的电动汽车充电基础设施的运行与管理系统，所以会在互连的充电基础设施上开发和部署相关服务。

布里斯托尔市是在市中心进行试点，需要为通勤人员提供更为有效的交通选项。交通拥堵和大型复杂交通系统有明确的路线和时刻表，并且电动汽车的实施被认为是解决方案之一。为支持电动汽车，布里斯托尔市的目标是建立互连的高速充电基础设施。

其目标用户群体包括电动汽车驾驶人、公立和私立车队及公共交通系统。项目将支持各种交通模式的互动：轿车、货车、载重车辆（Heavy Goods Vehicle，HGV）、摩托车、自行车、步行与公共交通系统电动汽车。

- 私人：电动汽车车主，想要在城内（在布里斯托尔市上下班通勤区域内）使用电动汽车的本地居民和游客，汽车俱乐部成员，等。
- 公共部门车队：城市执法、健康服务、大学及政府办公的车队，公交车，出租车，等。
- 商务用户：在商务区停车的私人通勤者；市中心的商业用户，如送货服务公司、旅行社和地产经纪公司及/或出租车公司；另一种商务用户是指有充电桩的公司，希望被纳入试点通用管理系统中，这些商务用户是加油站、旅店、超市，购物中心等。

布里斯托尔市计划开发一种专用的出行卡，以便用户使用不同的交通模式及进行停车和充电。但是由于布里斯托尔市的公交车是独立运营的，有自身的公交卡，开发进程有可能会延期。很多公共部门对项目感兴趣，因为更多地应用电动汽车有助于帮助它们实现在提高空气质量、减少拥堵、改善交通状况和提高能量效率方面的战略目标。例如，英国 Avon&Wiltshire 心理健康合作国民医疗服务（National Health Service，NHS）信托打算在 GoLow 计划（www. golow. org. uk）中使用电动汽车。

> GoLow 计划是一个独特的可持续出行的服务，是专门为了解决与社会医疗保健相关的大量出行对环境和经济的负面影响而推出的。在 Avon&Wiltshire 信托、西英格兰合作组织、布里斯托尔市议会和 Commonwheels 汽车俱乐部的支持下，已开发出一种服务模式，用于帮助相关机构提高效率，改进可持续性。该模式也会为加入计划的群体带来巨大的好处，如减少地区排放、污染、交通阻塞和车辆保有量。该模式让公众可以在汽车俱乐部租用汽车。这样可以最大限度地利用低排放车辆，并且能够让弱势群体也能用上车辆。

之前提议的一体化系统将提供以下成果和功能：

- 通过网络、专用硬件设施和/或智能手机监控了解充电点的地点和使用状态，提前预约充电点，用户在不同城市遇到不同的能量政策时可以有一体化的支付手段。
- 开发的整合了（面向服务的）需求元素的新产品（将没连接的充电点变成互连的等），试点的不同充电基础设施内设备的标准化（充电点、通信标准、充电方法、软件协议等）
- 开发的识别电动汽车、充电站和电动汽车用户/车主的唯一标识的验证工具，可以针对国际漫游、欧洲充电站交互式地图、国际计费和结算、国际跨国导航等需要对其进行精确识别。

> 为了让充电点得到最大程度的利用，布里斯托尔市计划在通勤路线上安装充电点，让用户白天可以为车辆充电。这个系统将提供充电点供应商开发的“提前预订”功能，而获得了部分用户认可。

考虑到可持续性，在布里斯托尔市，得到了公共财政补贴的充电基础设施业主将依规至少持有该设施5年。届时，对电动汽车领域的投入将有望像雪球一样增长，为升级设施提供了广阔的前景。到那时，硬件和新软件都必须可以模块化地升级和改进。

下面案例研究介绍了乡村环境下针对各种特定用户群体的一体化开发路径，以及在开展充电基础设施建设过程中所遇到的一些挑战。

案例6 英国湖区国家公园可持续交通示范区

重点领域：农村充电基础设施开发策略

该项目将改变英国湖区国家公园中心地区和南部地区的游客出行方式。该项目主要是针对游客的，原因是游客出行的碳排放占整个湖区的3/4。但是，项目的影响要更广，不仅让游客更方便地来到风景如画的乡村，还为当地居民提供了更好的交通出行方案。

为解决可持续出行的一系列困难，设计了9个子项目。项目包含以下三个要点：

- 巴士、船只、自行车、即付即用轿车都统一使用一张智能票来支付，以方便用户。
- 出租即付即用的电动自行车和清洁汽车，有游客的地方就有出租点和还车点。
- 策划有针对性的宣传和营销活动，以推进游客改变出行行为，提供世界一流的游客体验。

预计2015年将减少11000吨二氧化碳当量的排放，每年创造高达100个全职工作岗位及额外€700万的游客收入。

由于该项目是与出行相关的，将会使湖区国家公园成为世界一流的可持续交通和旅游典范。

该项目是针对游客出行的。这是因为已知（根据湖区碳排放数据）游客出行的碳排放占比很高；该项目还可以刺激经济，因此很有吸引力；相对于居民出行的多变性和必须行来说，游客出行相对容易影响。

该项目也非常清楚针对的是哪种类型的游客。依据英国坎布里亚郡（Cumbria）旅游局提供的游客细分类型，对游客改变出行行为、市场营销方式、可能起作用的信息做了市场调查，了解了相应的处理办法。考虑到潜在电动汽车用户，项目希望用户跨度可以从电动汽车实验者到游客细分市场。

该项目会展示出，作为一种交通模式，电动交通符合休闲活动的需要。游客出行一般来说是自由决定的，而不是必需的。在这种情况下，它是一项休闲活动。如果游客打算出行，该项目旨在为游客提供不同的且更好的交通解决方案。

具体到建设农村充电基础设施，面临的最大挑战是人口密度。如果车辆需要在用户步行能够到达的距离内，就必须有选择地战略性地设计充电网络，至少在短期内如此。这意味着，①确定目标地点是游客住宿处，可以吸引目标市场游客；②在热门目的地设立停车场。那么这些充电基础设施有可能设在各种建筑走廊的位置。增加充电网络密度对各种充电点的品质要求也不同——重要地点要求快速、醒目、智能，次要地点要求便宜、规格较低。

至于交通系统的一体化，LSTF工程极大地协调了现有交通选项（巴士、渡船等)，并进一步将之增强和扩展，并且将如电动自行车、即付即用轿车租赁网络等新的选择方案作为原有选择的补充，纳入到一体化交通系统中。提供更多出行选项的目标正朝着一体化的方向发展，即服务、票务\充电和市场一体化，形成一套灵活的出行组合方案。

3.8　汽车俱乐部

从汽车保有量的角度出发，汽车俱乐部可以说是既便利又划算的。取车点的选址要方便居民和商务应用，由此将利用率最大化——这汽车俱乐部的关键问题所在。汽车俱乐部一般宣称减碳，是因为拥有同类最好的汽车和很高的利用率，以及会员营销制度或决定不更换现有的车辆。

将插电式电动汽车纳入汽车俱乐部会进一步影响环境的改善，并降低会员费用和每小时的租赁费用，顾客可以放心使用电动汽车，不用担心更高的资金成本或每月的租赁费用及技术汰换问题。有多种车辆可供汽车俱乐部的会员选用，从而实现了插电式电动汽车和传统化石燃料车辆的互补。

汽车俱乐部在汽车数量、场地数量、会员数量及出行数量上都增加了很多，这么蓬勃发展的各项数据显示出电动汽车对汽车俱乐部是非常适宜的。目前，很多汽车俱乐部会员的出行里程与英国的平均出行里程相当。其中，很多出行范围就在城市内部，因此纯电动汽车是合适的；混合动力或增程式电动汽车和内燃机汽车一样，适合更长的距离。

假设电动汽车驾驶人偶尔想要开长途，但插电式车辆的里程满足不了需求，他们可以方便地使用汽车俱乐部的内燃机汽车。这个问题是潜在插电式电动汽车用户目前最为关心的问题之一。

但是，汽车俱乐部最大的问题是利用率。由于高速充电设备很适合城市环境使用，很可能要在这方面实现很大的改变。

下面的案例研究介绍了英国 Commonwheels 汽车俱乐部在英国纽卡斯尔市应用电动汽车方面的一些经验。

案例 7　英国纽卡斯尔市汽车俱乐部的电动汽车应用

重点领域：电动汽车纳入汽车俱乐部的一点经验

Commonwheels 汽车俱乐部，在包括其运营规模最大的纽卡斯尔市等几个地区的车队都引入了电动汽车。由于标致 iOn 电动汽车纳入了 SWITCH EV 电动汽车示范项目，并且得到纽卡斯尔市议会的大力支持，所以促成了汽车俱乐部对其使用进行跟踪研究。

纽卡斯尔市议会采用两种措施来支持该项目：支付（削减）车辆租金成本；对汽车俱乐部提供自身场地给充电点的情况，给予财政支持。另外，需要强有力的官方领导力，来保证顺利完成各种相关交通规则；来展示汽车俱乐部和电动汽车带来的好处，以抵消任何对市中心停车收益减少的顾虑。

纽卡斯尔市为电动汽车俱乐部提供了一个理想的实验环境，因为它既有现成的会员制度，又有多个公共充电点，并且在传播和营销上也得到了地方政府的支持。

> 我们的研究表明，通过相关技术的应用，从统计数据来看，汽车俱乐部对采用电动汽车是既有兴趣又有动力的。
>
> 将电动汽车加入车队在过去和现在都有一些问题。从技术角度来说，不知道车载通信系统是否能够很好地满足功能要求（车载通信系统控制车门准入功能、车辆防盗功能和记录里程功能）。但该项目中已经能够很好地匹配系统，实现基本功能。未来，需要系统能够读取充电状态、估计里程，相信未来将会很好地实现这些功能。有一个大问题是，如何管理充电订单的时间的变化多端。目前，针对该问题，采取了一种解决办法，并且可以避免给用户带来不便，但是在如何将客户可预约时段最大化方面仍需要非常小心处理。
>
> 用户对电动汽车的使用体验非常正面，并且觉得费用负担得起。但可惜的是，早期用户数量太少。
>
> 目前，由于成本和租赁费用的矛盾及利用率方面的问题，不再继续增加电动汽车。但是，应用电动汽车是一条正确的道路，预计 Commonwheels 汽车俱乐部未来会引入更多的电动汽车。如果高速充电设备的数量能够更多，电动汽车的普及程度将会得到极大的改善，所以安装高速充电设备对我们是个鼓励信号。
>
> ——保罗·巴尔蒙（Paul Balmont），英国 Commonwheel 汽车俱乐部总监

3.9　电动自行车、电动踏板车和电动摩托车的应用方案

在各种即付即骑电动自行车出租的应用方案中，是可以在多个取车点和还车点取车、还车的，目前这在英国和欧洲其他地区十分流行。这类方案性价比好、便利、可持续，适合作为市内交通的一个选项。不同于传统的自行车出租业务，这个方案是自助服务的，签约会员可在多个地点全天 7×4 小时即时取车。

电动自行车和可上路的电动踏板车（scooter）要求的充电速率比电动汽车低。至少绝大部分两轮车的充电管理制度更为简单，相应专门设计的充电站的价格也低，目前已实现商业化。因此，十分不赞成两轮电动/电动辅助自行车和电动踏板车使用电动汽车的充电设施充电。但是，在同一地点给电动汽车和电动两轮车充电又是合理的，这样可以整合不同的电动交通模式，并节约地面工作和规划成本。

容纳电动自行车的基础设施已经就位，包括控制和记录会员接入所要的通信机

制及后台系统，这让电动自行车可以相对比较容易地纳入各种应用方案中。

除了即付即骑的应用方案外，还要在公司和专门的地点设立可以安全存车或充电的设施，提供可持续交通方案。

• 连接各旅游点。每个信息问询处或游客中心都设有电动自行车租赁站，住宿地、饭店等处有充电设施，让更多人的无车可持续出行假期变成一个可实现的选项。

• 各种具有多个场所的公司/组织，如在城市内拥有数家医院、各大学、具有各个分部的某 NHS 信托基金。每个场所都有租赁站和可以充电的存车处，并且具有会员制应用方案，这会有助于可持续的短途、市内出行。同时，这对实现 NHS 健康促进目标和空气质量目标都有帮助。

• 各商业或工业停车场。在大型商业停车场某一地点安装充电设施，雇员开车来上班然后就可以充电了。电动自行车出租可以快速、方便地覆盖这样的行程，减少交通拥堵。

• 各种一体化交通枢纽。在停车换乘站或火车站设立电动自行车充电和安全存放处有助于解决可持续交通的最后一英里问题。具体内容见下面将介绍的案例奥林巴斯（Olympus）工程。

• 英国等地的项目表明，电动踏板车和电动摩托的应用方案带来了只要很少充电基础设施就可以快速扩张电动交通的机会。电动踏板车被认为是日渐增长的低收入群体上班通勤的相对廉价的方案。

下面的比利时的试点项目介绍了比利时 Blue Mobility 公司是如何通过采购上的创新来开发其设计的一体化交通系统所需的技术。

案例 8　奥林匹斯工程——佛兰德斯地区的无碳交通网络

重点领域：创新开发一体化网络

佛兰德斯地区正在开发 5 个电动交通平台，每个平台都是私人部门主导的。在政府成立共同基金协助开发充电基础设施和采购车辆的情况下，项目同盟之后使用各种平台进行研究开发，并和外部合作者测试了新型商业模式。

奥林匹斯工程是 5 个平台之一，由 Blue Mobility 公司负责。Bluc Mobility 公司是比利时铁路运营商比利时国家铁路公司（Nationale Maatschappij der Belgische Spoorwegen/Société Nationale des Chemins de fer Belges，NMBS/SNCB）的控股子公司。奥林匹斯工程的目标是在安特卫普市（Antwerp）、根特市（Gent）、哈瑟尔特市（Hasselt）和鲁汶市（Leuven）开发一体化的或网络化的无碳交通系统。通过与多个合作方合作，Blue Mobility 公司负责比利时境内的一体化出行规划和出行解决方案，并且运营了一个自行车俱乐部叫作 Blue Bike。还有其他的关键合作方，包括比利时 Cambio 公司、一家汽车俱乐部运营商、各公共交通运营商、各智能交通系统和信息供应商，以及各休闲娱乐运营商和供电公司。

> 网络化移动交通意味着居民心态的转变。移动不再意味着“我的车/我的自行车/我的情况”，而成为“我需要最快最省钱的从 A 地到达 B 地”。分享即是新的拥有。通过共享移动交通模式，作为一个整体的社会将会变得更为灵活，个人也是如此。
>
> ——奥立维·德·库克（Olivier De Cock），Blue Mobility 公司

奥林匹斯工程的目标是，以电动轿车俱乐部和电动自行车俱乐部的形式将电动交通纳入到现有一体化的出行系统中，并建立一个开放的服务平台鼓励人们采用电动交通。这种开放的服务/软件平台能够很好地融入新型和已有的服务（如支付服务、预约服务、通信服务和广告服务等），以促进网络化的移动交通。

1. 充电基础设施选址和开发

奥林匹斯工程的目标是在 4 座城市内建立起 15 个多模式交通枢纽（其中 6 个位于火车站），支持常规出行和电动自行车出行，这些枢纽能支持 130 辆电动自行车。

项目第一阶段的关注焦点是研发工作，最终目标是开发可以商业化运营的充电基础设施。因此，奥林匹斯工程正在利用潜在市场数据谨慎地进行交通枢纽选址。该过程有如下几个步骤：

1）征求公众反馈意见，以便确定应用方案中人们的兴趣点，辨析潜在取车点、目的地和路线。这一步，将由 4 座城市的移动交通专家组成的工作组，通过相关活动寻找和选择有积极性的测试用户，并对选择的测试用户进行实时测试来确定。

2）评估项目在拥堵、空气质量等方面的潜在优势。

3）结合以上两点，确定能使所有利益相关方收益最大化的组织架构。

4）首先，用匹配的数据列表（data-loggers）对使用所有车辆（130 辆电动自行车和 11 辆电动汽车）的构想进行“软”测试。

5）开发提供优选出行信息的智能手机车辆和充电点预定应用程序（App），如出行方案、公共交通衔接、交通状况和路线。

6）利用开放服务平台作为媒介，将该构想扩大到共同管理系统的 4 座城市。

7）继续扩大需求，增强与其他交通模式（客车、地铁、电动摩托、新型电动汽车）之间的衔接。

2. 采购上的创新

Blue Mobility 公司已有提供信息技术支持的合作方，并且也和公共交通供应商建立了合作关系，但是需要进行的创新之一是为多功能交通枢纽提供各种所需物品。多功能交通枢纽提供传统自行车和电动自行车，并且由可再生能源发电系统供电。

迄今为止，其研究认为当时还没有符合其要求的交通系统。所以，Blue Mobility

公司采用了一套创新的投标程序，以及既灵活又符合欧盟要求的采购指南。采购程序是佛兰德斯地区政府科学技术创新机构公路运输研究院（Instituut voor Wegtransport，IWT）开发的。

创新投标程序由以下三个阶段组成：

（1）建立创新平台

具体来说，奥利匹斯工程进行为期三个月的第一阶段工作（2012 年 4 ~6 月），期间邀请政府、技术供应商和中间商参与到第一阶段过程中，并且在公开的基础上开发最佳匹配的构想框架。它们仔细研究了功能需求、专项技术需求和兼容性需求，并且将各种关键领先技术包含其中。

（2）原型样机开发

奥林匹斯工程的这一阶段为期 8 个月（2012 年 6 月 ~2013 年 4 月），期间邀请了平台内的制造商开发试用样机。制造商和招标机构会共担风险进行开发，因为不保证它们或它们的产品能够最终被采购。作为回报，知识产权归开发商所有。

（3）投标邀请

最终，当样机进行测试时，将会给比利时境内所有感兴趣的城市和组织机构发出公开投标邀请，在 2013 年年中发出邀请，任何欧洲的制造商均可投标最终供应合同。

这能够给采购方提供一个良好的机会，在一开始就采购在功能性和成本方面合适的新型产品；同时，这也是供应商提供了机会，来开发市场关注的会有潜在订单的产品。

3.10　采用可替代方案面临的挑战

英国大曼彻斯特地区是 PiP 项目第二阶段的实施地之一。对于该阶段，在实施最初规划的创新方法时遇到了困难。下面案例研究演示了在开发市场的早期阶段同私人部门合作遇到的一些挑战。

案例 9　英国曼彻斯特电动轿车公司

重点领域：采用可替代方案面临的挑战

1. 项目概述

英国曼彻斯特电动轿车公司（Manchester Electric Car Company，MECC）是一家私人运营公司，其目标是在大曼彻斯特地区安装 300 个快速充电设备（fast charger）和 5 个高速充电设备（rapid charger）[㊀]。充电点的位置既有公共场合

㊀ 一般来说，高速充电设备比快速充电设备功率更大。

也有私人场所，既有路边停车位也有停车场。其中56%的充电点将位于公共和私人车队驻地。

除了充电基础设施外，MECC还将建立5座交通站点（Point Of Delivery，POD）来支持电动汽车的使用。在POD可以对电动汽车进行检测，也可以获取（购买、租赁）电动汽车，以及对电动汽车进行充电、维修或保养。这些场所也会吸引主流零售商和汽车制造商入驻。

图15　英国大曼彻斯特地区奥德海姆（Oldham）市的1座POD

该项目的一个关键点是如何同公共和私人部门车队运营商合作，目标是到2020年在该地区建立拥有30000辆电动汽车的车队。

该项目包括一个复杂的后台，并通过会员制和车辆充电收费来增加收入来源。

该项目的实际目标是，通过利用PiP项目和私人部门的资金，建立一种可替代交通模式，来鼓励电动汽车的推广，同时提供充电基础设施。

2. 项目模式

MECC，是由当地一家非常可靠的企业及汽车零售商发起的，是作为一家新创企业而建立的，是负责开发和运营POD及充电基础设施的。

作为PiP项目投标程序的一部分，很多私人部门，如零售商、地产开发商和主要雇主，会被游说并要保证在大曼彻斯特地区安装充电点。

已确认了建设POD的5个地点，分别位于曼彻斯特机场、曼彻斯特市中心、奥德海姆的原Roxy剧院所在地、索尔福德奎伊斯（Salford Quays）地区的传媒之城（MediaCityUK）、特拉福德购物中心（Trafford Centre）。这些POD吸引了零售商的兴趣，如英国咖世家（Costa）连锁咖啡、博姿（Boots）连锁药店和高品（Co-op）连锁超市。MECC的长期规划是在大曼彻斯特地区开发约25座POD。

MECC的运营模式是基于一组收入来源的，有充电基础设施相关的会员制度、充电收入、车辆事务（销售、出租、汽车俱乐部）及相关零售业务。无论是哪家电动汽车制造厂商，POD都要保持中立；同时，要向客户展示一系列的电动汽车，并能体验这些电动汽车。

目前，该地区面临的一个挑战是租赁公司对电动汽车的负面看法。这意味着一些租赁公司将不会提供电动汽车出租业务，而且一般来说交易费用很贵。

与其他 PiP 项目不一样的是，MECC 拥有全部资产的所有权，同时合作伙伴要同意保存相关充电点的 5 年以上。尽管合作伙伴对资产的投入占到了 50%，但是 MECC 发现它们并不热衷拥有或运营这些资产，而是更将之作为负债转手。MECC 认为拥有资产的全部所有权会让运营变得更容易也更经济。

图 16　曼彻斯特 PiP 项目的合作伙伴

通过非接触式借记卡和信用卡及与大曼彻斯特地区智能交通卡的互通，用户体验得到了极大的增强，在服务和互操作性方面是英国国内最好的。这也意味着，即付即用模式可以取代预付费模式或会员制模式，成为一种替代选项。

3. 技术问题

MECC 投入精力开发了复杂的后台系统，推动了非接触式银行卡支付。这样做，可以提供高水平的便利性，并且与其他项目的数据交换也有助于达成互操作性。MECC 咨询过多个充电点制造商有关非接触式银行卡的问题，所有被咨询的制造商都答应支持这种方式。

由于大曼彻斯特地区智能交通卡是 2013 年开始使用的，它也支持电动汽车充电基础设施，因此可以实现一卡通。例如，电动汽车以即付即用的方式停车和充电，继而乘公共汽车和有轨电车到达交通网的另一个目的地。

所有的常规充电点都是双头 7kW 的，所有的高速充电设备最好都是直流 50kW 的。

4. 改变发展方向

在项目的具体实施过程中，上述的规划和 PiP 项目开发过程中的规划被证明是不可行的。

私人部门所组成的共同出资方大幅减少了项目投入，没有为建设 POD 或充电基础设施提供足够的场地和资金。关键变化主要是由两点原因造成的：首先，经济衰退使它们无法进行这样的投资；其次，电动汽车销售增长缓慢甚至无增长使得中期前景不明朗。

由于合作方的撤资，MECC 试图寻找债券和股票资金来支持投资和现金流。尽管拥有非常可靠的管理和金融团队，并且 MECC 的商业模式决定 MECC 可拥有很多有形资产，但是项目团队仍未能够从银行、风险投资或任何投资人那里吸引到足够的投资。

其转型成为英国 Polar 公司那样的私营电动汽车充电基础设施开发商也未取得成功，部分原因是其商业模式不够灵活。

“撞了南墙”，项目又重新进行规划。

POD 与充电基础设施相分离，并且继续由 MECC 将 POD 作为电动汽车和零售枢纽来开发，并且保持原有的所有权和财务结构。

另一方面，MECC 采用了另一种办法，即充电基础设施公有化。具体方法是，由大曼彻斯特地区交通局（Transport for Greater Manchester，TfGM）和大曼彻斯特地区政府来为 PiP 项目提供配套，并由 TfGM 承担风险，并在其所拥有的停车换乘点（包括 2000 个停车换乘停车位）安装一些充电点。希望这份经过总结和重塑的商业计划能在未来让项目取得成功，吸引私人投资者。

5. 项目的发展

经再三考虑，TfGM 并未执着于私营部门，而是努力在私人和公共之间取得平衡。它们还投入了更多的精力和资源来敲定合作者的投资细节，从而避免投资人无法完成最终投资的现状。

TfGM 也提到，在国家层面上要想更多的办法来宣传电动汽车的重要性及扮演的角色，并说服人们接受电动汽车。只有人们完全理解了电动汽车的好处，并且利益相关方（包括制造商）开始售卖电动汽车，人们才会有信心购买电动汽车和投资充电基础设施。

3.11 公共服务类汽车

最能推动电动汽车推广的方式之一，是让各地政府的车队采用电动汽车。

因为政府车队是要致力于车辆利用率最大化的，并通常规定了明确的工作周期，因此被很多商家（包括汽车制造商）认为这是利用电动汽车各方面优势的最佳机会。

> 经英国纽卡斯尔市议会批准，纽卡斯尔市成为英格兰东北地区较早引入电动汽车的城市之一。一方面为车队采购电动汽车，将商业货车和微型客车整合到车队中，其中一些是通过 2009 ~ 2010 年英国 Cenex 公司的低碳车辆公共采购项目（Low Carbon Vehicle Public Procurement Programme）采购的；另一方面，还部署了乘用车，主要是作为公共用车。纽卡斯尔市已有 25 辆插电式汽车上路运行，并迫切希望增加电动汽车的数量和覆盖范围。

通过分析工作周期，来确定电动汽车的应用机会相对来说是比较轻松的，但需要仔细考虑电动汽车在不同地形、天气和载荷条件下的真实性能。根据精确的信息和合理的估计，可以计算出实际情况下将常规车转换为电动汽车在金融和环境方面的影响。与常规车辆相比，还需要考虑电动汽车充电基础设施的成本，但是可以只考虑最低程度的应用情况。

一些创新型产品，如英国低排放战略合作组织（Low Emission Strategies Partnership）和英国塞夫顿（Sefton）市议会开发的议会采购决策工具（Council Purchasing Decision Tool），会为全面系统的采购提供指南，从确定采购需求，到产品的处置和回收，以及相关服务。这样一组工具能考虑排放影响来做出决策，车队采购也包括在内。

各地方政府都制定了采购政策。英国卡姆登（Camden）镇议会制定了绿色车辆政策，其中包括了首选车辆选项列表。英国西米德兰兹地区（West midlands）各地方政府正在制定利用采购手段减少道路交通排放的最佳实践指南。

在车队已经引入了几辆电动汽车的情况下，英国盖茨黑德（Gateshead）市议会对服务于车队的公共充电基础设施的角色和地位已近有了清晰的认识。

案例 10　英国盖茨黑德市议会

重点领域：议会车队的充电基础设施

英国盖茨黑德市议会加入了低碳车辆采购计划，通过该计划，采购了 10 辆 SEV Edison 货车；通过 SWITCH EV 计划，还采购 2 台第一代三菱 iMiEV 电动轿车，并测试了 1 辆日产聆风电动轿车和 1 辆 AVID CUE-V 电动轿车。其车队目前已运行超过了 100000mile。并且，通过 Charge Your Car/PiP 项目在公共场合和政府物业上安装了 15 个充电点，以及 1 台高速充电设备。

经验

经验总结如下：

- 车辆表现极其优秀，给驾驶人和车队经理留下了深刻印象；如果未来电动汽车价格有竞争优势，会将更多的电动汽车纳入车队中。虽然电动汽车对环境是有好处的，但是受目前价格因素的影响，以及在公共部门削减预算的情况下，进一步的投资还不明朗。
- 由于车辆出行距离相对较短，可以经常返回驻地，因此充电基础设施方面不是问题。车辆会给驾驶人留下一段宽限时间，但是要告知他们记得充电，且忘记充电是不行的——毕竟他们从不会把燃油用光。
- 培训是关键所在；汽车制造商的支持和有能力针对车辆进行试验，也具有无法衡量的价值。
- 在公用充电基础设施方面，认为高速充电是非常关键的，并会极大地帮助车队接纳电动汽车。目前，驾驶人经常在距离驻地 100yd[㊀] 的高速充电设备上充电。

㊀ yd：码，1yd = 0.9144m。

• 他们也常用1mile以外位于美琢购物中心（Metro Center）的高速充电设备充电，但是常碰到其他人把车留下充电去逛街的问题。他们建议在充电设备周围设置几个停车位；并加装可以从充满电的车辆摘下的电缆，电缆的长度足够覆盖这几个停车位。

• 他们观察到，充电费用是按非峰值费用计算的，但实际上很多次充电都发生在按正常价格收费的时段，因此实际要贵一些。他们希望电动汽车的电价模式能有所改变，不仅是在非峰值时段能享受到优惠。

3.12 商业插电式电动汽车

不光是插电式电动轿车获得了补助金，2012年1月英国政府宣布了针对插电式电动货车进行补助。这样，将提供最高£8000（或最多到货车成本的20%）的补助，以便满足英国交通部（Department for Transport）设置的标准。尽管如此，在行业中仍然有这么一个观点——电动汽车要商业化运营是非常困难的。

商用车辆（特别是部署在城市环境的商用车辆）的工作周期，是非常适合电动汽车的。这种情况下，汽车的行程是可以估计并具有重复性的，并且城市环境也适合晚上充电。更多地利用可再生能源，让夜晚充电比白天充电给环保带来更大的好处。

3.13 展望未来

英国Charge Your Car项目是由英国One North East机构发起的，如今与英国盖茨黑德学院合作，项目运行情况良好，很好地完成了相关PiP项目的各项活动，正着眼于未来的发展。

案例11 英国“为车充电”（Charge Your Car，CYC）项目

重点领域：下一步要做什么？

1. 背景

2010年，英国低排放汽车办公室（OLEV）选择英格兰东北部作为首批3个PiP项目实施地区之一，另外两个是伦敦市和米镇（Milton Keynes）。经过近两年的发展，该地成为英国公共电动汽车充电基础设施密度最高的地区。到2012年3月底，安装了300个充电点。

作为先导，CYC项目是最早的几个项目之一，处理了很多技术和流程上的问题，为如今其他的应用方案建立了流程规则。CYC项目认为在开始前必须了解三个关键问题，其中两个与技术参数和标准的缺席有关；第三个问题至今仍存在——

“难以找到好的位置和有意愿的充电点投资者，所以项目设定的一些目标有些不切实际。如今这种情况随着经济衰退变得越发严重。其原因不仅是公共和私人部门削减了预算，难以投入；也是因为路上行驶的电动汽车较预计的少。”

2. 关键要素是什么？为什么？

采购充电桩并进行安装是一个复杂而漫长的过程，因此一开始就要明确是要考虑各合作方利益来进行采买和安装的。这样可以让合作方顺利参与到项目中。这种方法取得了成功，因此建议地方政府基于类似的合作关系来开发电动汽车充电基础设施。

该地区的这种合作关系，保证了该地区各系统实现了全面而彻底的互操作性，确保了充电网络对电动汽车用户是非常用户友好的。该地区还进行了一些很好的创新，帮助与合作方建立了良好的关系。例如，所有的地方政府都签署了市长承诺书（Covenant of Mayors）。该承诺书是该地区各方采取措施阻止气候变化的联合协议。在电动汽车方面进行一系列创新，是CYC项目必须要做的，所以地方政府有理由、有义务参与其中。

该项目成功的另一个关键因素，是提供了可供利用的补助基金。依靠补助的资金，项目解决了很多问题。例如，在为高速充电设备寻找业主时遇到了困难，但是在100%的资金支持下，成功地找到了几处地点。

3. 关键挑战是什么？

在恰当的地方安装了300个充电点和若干高速充电设备后，CYC项目目前的挑战是在没有PiP项目的支持来独自管理资产。很多有关方都谈到了，在PiP项目有关环节完成后，公共充电基础设施由私人部门来开发建设；但是，实际上，在公共充电基础设施可商业化持续运营之前，公共充电基础设施和私人部门之间有几年的时间缺口。显然，其临界点取决于使用充电设施的用户的数量。

为了管理这一过程，CYC项目采用的策略是，通过竞标采购流程，来确定一个具备继续维护和开发充电设施所需各种资源的合作方。然后，在确定项目意向书阶段就要约定，任何潜在的合作方应提供£500 000作为潜在投资。该采购过程在2012年第2季进行。CYC项目认为下述几点对创建可持续运行平台十分关键：

- 需要了解未来车辆在技术方面的要求，建成的充电网络要有前瞻性。这是一个正在兴起的市场，风险很高，所以必须确保有最稳健的系统。
- 用户喜欢利用一张卡就能使用所有的充电设备。现有的充电应用方案很多，并且还在日渐增加，所以为了让各种典型卡片都能被接受，如与英格兰东北地区标准不同的其他形式卡片，需要在管理/软件方面进行开发以抵扣单个驾驶人使用服务带来的成本。
- 加强目前的即付即用使用方案也是优化用户体验的关键。这需要与银行及非接触式信用卡系统建立起集成链路。
- CYC项目也需要加入到地方交通功能和智能卡方案中。

• 由于电动汽车使得配电网负荷增加，所以 CYC 项目希望通过智能电网功能来整合配电网系统。

• 英国在该方面面临的最大挑战仍然是，如何为电动汽车充电基础设施的使用方案建立起能依靠自身维持运营的商业模式。在某种程度上，促使政府承诺倡导低碳，仍然对电动汽车及充电基础设施有着积极意义。

3.14　项目实施注意事项和风险

1. 项目管理

• 由于这一产业尚处于早期阶段，即使是最简单的项目也是充满复杂性和未知性的。为了让开发的使用方案在技术上和商业上保证互操作性，并且前景也有保证，就需要海量的项目管理资源。很多项目都在开发过程中遇到了工时和成本方面的困难。

• 项目经理人建议寻找和利用相关组织内的“支持者”，这些支持者是可以信赖的并会对项目提供帮助。

2. 技术更迭

• 在采购框架和供应商方面应具有灵活性，以保证软硬件的升级能跟技术变化保持一致，无须花费大量资金。

• 一些 PiP 项目认为应更重视高速充电设备（rapid charger）。高速充电技术正在多方面发展，成本也在下降，因此与两年前相比这种设备的大众接受度更高了。高速充电设备的安装成本是快速充电设备（fast charger）的 5 倍，但考虑到充电位置，高速充电设备仍是最佳的解决方案。

• 设备供应商和曾被质疑的项目经理人发现，从事/投资这些项目的很多人对技术问题了解得并不全面。所以，为了将来产生问题，就需要对相关知识有最低程度的了解。本书也算提供了应掌握的最低程度的知识。

3. 地方、国家和国际相结合

• 如今已经制订了一些技术标准，因此各种项目需要遵守这些标准，这样才会使安全性、互操作性和前景得到最大程度的保证。

• 在基本没有中央指导机构（准则）的情况下，所有充电系统之间的互操作性一直不是关键问题。这样就导致开发了很多不同的系统，未来需要大量的工作来整合这些系统。在项目早期，就需要针对技术和实际情况对互操作性进行规划。

• 邻近地区的互操作性是最为重要的，所以考虑和相邻地区的合作伙伴进行合作。

4. 私人部门的参与

• 虽然私人部门可能在一开始兴趣非常高涨，但是让它们长期保持支持态度，并变为针对充电基础设施或插电式电动汽车进行投资是比较困难的。合作方需要积极参与项目，以保持对项目的投入。

• 对很多早期推动者来说，通过私人部门的参与来完成耗资巨大的充电点大规模建设目标是十分困难的。这还需要大量的时间才能完成。

• 由于项目依赖私人部门的参与，未能完成或延期完成任务的情况也时常发生。项目团队需要进行的工作越多越好。

5. 私人部门的资金

• 由于参与情况的不同，对于早期推动者来说，保证充电桩或电动汽车研发资金比较困难。最好的情况是有大量合作伙伴参与项目，而不是依赖少量的关键合作伙伴。

• 与私人部门交流有关电动汽车纳入车队或作为公司用车带来的好处的方面做得仍然不够，无法吸引到大量的资金。车辆展示、试骑和试驾是有效的解决办法——超过 25% 的在 SWITCH EV 项目中体验过日产聆风电动汽车的用户最终购买了聆风。

6. 缺少配电网运营商（DNO）和电力供应商的战略参与

• DNO 的积极参与和投入是非常关键的，可以保证充电桩能够安装在最经济的地方，并且节约时间。

• 没有 DNO 和电力供应商的参与，项目可能无法按时完工。

• 安装的便利程度、与 DNO 和电力供应商的关系在各地是不同的，无法给出通用的指导或战略，因此根据情况进行投资。

7. 快速改变供应链

• 提供成套充电解决方案和零部件的新兴公司和中小企业（SME）的数量快速增长，新的市场领导者不断涌现。依赖单一供应商风险巨大，特别是在产品开发最早期的阶段，因此采用框架采购方法是最安全的。

• 小型组织可能无法满足相关要求或提供 24 小时服务，从而可能引起技术上的缺陷和时间上的延误，所以应充分调研各潜在供应商。

8. 缺少对电动汽车市场的信心

• 车辆供应的问题，包括可供选择的品牌和款式，已阻碍了电动汽车的推广。当努力推广电动汽车时，在购买者搜索电动汽车或供应商回复问题都要面临这样的不利因素。

• 由于一般公众和核心雇主对电动汽车缺乏信心，阻碍了私人部门投资充电基础设施的欲望，因此，开发任何规模的充电基础设施都需要非常广泛的利益相关方参与进来。

9. 法律协议和框架的复杂性

• 不得不由早期推动者来建立协议和采购框架，这需要耗费额外的精力和时间。通过核心标准模板文件，如包含标准和最佳实践情况的法律文件，会减少在这方面花费的时间精力。

10. 政策冲突

• 要确保充电点所在位置或充电使用政策不会引起交通难题，即使是低碳交通。

11. 优化选址

• 通过各 PiP 项目发现，充电点通常安装在业主期望的位置，而不是在合适的位置。但是，应该注意不要大规模安装太多的充电点，从而破坏未来的优化充电网络。

• 充电点在中长期收入方面上才会显示出优势，所以注意不要让短期行为破坏这样的优势。

• 在实际情况中，插电式电动汽车在一段时间内是相对小众的，因此不需要到处安装充电基础设施。

• 很多项目在那些利用程度不是很高的地点安装了充电点，因为出于视觉宣传的考虑这是可以接受的。但是要注意，要在选择高利用程度的地点还是选择宣传效果之间做好平衡。重新安装充电点的代价是高昂的。

• 充电点的可安装地点逐渐减少，也是严重的问题。这主要是因为，业主改变主意，或者通过调查发现原有场所不理想，或者场地太贵。因此，强烈建议所有首选地点都应至少安排一个备选地点。

12. 工时和成本

• 在工时和成本方面可能非常具有戏剧性。应该充分意识到成本和工期的风险所在，并据此严格管理项目。

• 充电点安装完毕后，还会有运营成本，这会因供应商而不同。因此，应注意保证它们很好地理解了这一点。

• 为安装充电点做预算是有难度的，因此如果对选定地点没有先彻底核算成本就开工会造成严重的问题。在安装或投入固定成本之前对选定地点从技术和成本上进行核算，是更为安全的做法。

• 现场评估是非常关键的。很多项目的经验说明，如果没有非常切合实际的施工流程，会使工程造价高昂、工期延误。

• 各个项目都要升级充电点的接入容量，更换充电插座，升级充电点的智能技术。后台也需要进行升级，并且还会升级到具备便利的各种财务处理功能，以及其他多种功能。其中一些成本很高（如将充电点的二脚插座升级到德国曼奈柯斯（Mennekes）的就要花费£2000），因此需要研究知晓这样的未来潜在成本。

第 4 部分　成本和交付模式

4.1　硬件安装和运营方面的成本

4.1.1　项目管理

各项目团队中绝大多数人应具有重大项目的管理经验，不论是财务、采购、利益相关方、技术或是其他方面。这要求相关人员不仅具备相关能力，还要具备专业知识经验。这是因为，一些问题，如互操作性，没有直接的答案或解决方案，而解决这些问题需要上述这样“资源密集型”的人才。因此，项目团队需要注意保证有足够的“资源”。

> 需要制定一个合理的“通气”预算。从地方政府负责人到电动汽车用户再到公众，对项目的理解各有不同。处理不好会引起反对之声，延误项目进度，从而影响项目的成本及能否取得成功。让地方议员参与其中，并在项目活动之外发挥其政治影响力，会对项目有正面的作用。
>
> ——英国 PiP 项目

4.1.2　供应和安装

通过各 PiP 项目已成功找出许多影响电动汽车充电基础设施开发和运营成本的因素。

表 4、5 给出了典型的基本成本。数值高低反映了安装成本的变化，其中一个 PiP 项目引用的一个双插座单元的平均安装成本是£ 6500。

在表 4 中，需要注意的一个重要因素是所使用的接入容量。所有单元都开始使用双 32A 电缆安装，为单元未来升级做准备。

为了将成本降到最低，必须牢记几个基本的要素：

● 安装成本会占到整个已建成充电点成本的 50% 以上，因此在一开始就应考虑安装的实用性。

○ 挖沟、安装地下管道和回填费用都是很高的，所以壁挂式单元是最经济的选项，尽管其在多层停车场的安装费用也很高。

○ 在路旁草坪等土地表面比较软的地方挖沟铺设电缆要比恢复柏油路面便宜

得多。

○ 通过配有电表的配电箱或现有馈电柱接入电网会节省电气连接的费用。

○ 一些充电点有完整的馈电柱，这在许多情况下能减少成本。

表 4 充电点的安装成本

		充电点成本/£	安装成本①/£		DNO接入成本②/£	馈电柱成本/£		标识指示牌成本/£	总成本/£	
			低	高		低	高		低	高
单地装式	13A	2600	1800	3300	2000	400	700	450	4400	9050
双地装式	13A+13A	2550	1800	3300	2000	400	700	450	4350	9000
双地装式	13A+32A	2650	1800	3300	2000	400	700	450	4450	9100
双地装式	32A+32A	2800	1800	3300	2000	400	700	450	4600	9250
单壁挂式	13A	2300	1500	3200④	N/A			450	4250	5950
双壁挂式	13A+13A	2600	1500	3500	N/A			450	4550	6550
双壁挂式	32A+32A	2700	1500	3500	N/A			450	4650	6650
高速充电设备	直流 50A	25000	5000	20000	10000③			450	30000	100000

① 10m 是平均长度。所有双输出地装式安装单元使用额定电流为 2×32A 电力电缆。

② 假设壁挂式的安装场所都是路外的，可以从已有配电箱接入，如多层停车场。

③ 根据选址的不同，该项成本可能非常高，几乎没有上限。

④ 在多层停车场安装壁挂式高速充电设备的费用高，而相对费用较低的情况是壁挂式安装在砖墙上。

注：所列的各安装成本中包含了平均为£450 的防撞护栏（crash barrier）费用。

• 路边充电单元需要符合交通管理条例（TRO），有时还需要建筑许可证，还需要道路施工、馈电柱、造价高昂的路面修复工作，并且不是很方便。所有这些都增加了成本和工时。

• 在某工程的开发建设阶段安装充电点，会节省挖掘和修复的费用，以及其他与电气连接改装相关的费用。

• 在充电点扩建方面要具有前瞻性，这将减少未来扩建时的成本。具体可能包括，留有足够的供电容量以容纳更多的充电单元，以及安装管路和基础配套以满足新建设备的需要。

• 充电点的复杂度也影响其成本。在安装智能充电点的趋势下，也有多方在研发、安装低成本充电点。例如，一些市政机构正在安装最基本的充电插座，并使用多用计量仪表来记录充电数据。

- 标志牌是另外一项费用，其采购、安装大概需要£ 450。

> 英国米镇的 PiP 项目把电能表安装在路边充电桩内，认为这样可以不用额外占地安装设备，减少了成本。但是更换新的电力供应商时，就必须匹配一个新的电能表，电能表又无法装在现有充电桩内。建议还是分开单独安装电能表，为升级和变更供应商留出空间。
>
> ——英国 PiP 项目

虽然考虑上述问题对于将成本最小化是很重要的，但通过各 PiP 项目发现了关键一点，恰当的现场评估程序对于将费用和工期最小化也是至关重要的。下面的现场场地检查清单是经过研究得出的，应用上也取得了成功：

- 确定场地的精确位置和所有权。
- 确定待开挖表面的类型。
- 确定车辆和作业的通道和受到的限制。
- 通用无线分组业务（General Packet Radio Service，GPRS）是否有信号；如果没有，是否有局域网（Local Area Network，LAN）接入点？
- 确定距离连接点（配电箱或馈电柱）的距离。
- 确定辅助计量方面的需求。
- 确定电能表供应商/电力供应商。
- 如果已有配电箱，是否可以接入？容量是多少？
- 需要新的配电网连接吗？
- 如果不需要新的连接，现有馈电柱或电能表需要升级吗？
- 什么类型的接地？
- 已获授权者是否具有了所有必要的访问权限？
- 确定标志牌方面的需求。

如果没有对场地进行经过恰当的现场评估，会造成额外的资金损失和工期延误，已有无数的例子说明了这一点。但是，即使有正确的程序，仍然需要在做评估时，保证该参与的人都参与其中。至少电气工程师和相关人员需要到场，进行评估。最好还要配备安装联络员，并让 DNO 参与。如果安装高速充电设备，则联络员和 DNO 必须在场。

现场评估之后，确定了最终选址和明确执行的决策；还必须要高效执行的程序是，启动和进行电气连接工作，进行安装和调试工作。其主要阶段如下：

- 获得必需的 TRO 或其他许可，然后提交申请。
- 告知 DNO 具体的安装意向，DNO 提供建议是否需要新建连接及新建连接的成本。
- 如需要新建连接，接受 DNO 的报价或重新选址。安排 DNO 进行连接，有需要的话安排负责的电力供应商安装、调试新电能表。

- 进行充电点安装和调试工作。
- 在后台注册充电点。

4.1.3 运营

表 5 给出了充电点的运营成本，仍然是基于各 PiP 项目的一些运营成本数据。

关于运营成本，要记住以下 3 个额外的问题：

- 表中给出的成本并不全面，还可能有电力成本和停车场租金损失。特别是后者会显著影响充电点的续约。为了避免租金损失，去掉双黄线的新型充电车位应运而生，它们位于频繁使用的地点，选用的是多余的残障人停车位和停车区中之前未划为停车位的区域。
- 现在和将来要如何收回成本呢？运营成本不可避免，且会随着使用的增多而增加。如果充电点安装于第三方的场所，那么接受相关资金资助的充电点所有者，就有义务维护充电点，并支付后台相关费用。要小心不要忽略这些责任。至于从用户身上收回成本，这是要通过后台来进行的，所以相关流程和行政支持应写入后台管理说明中。
- 还需要考虑任何潜在的升级带来的成本。其具体数值是未知的，但是应该意识到这项成本，其潜在影响应计入财务模型中。

表 5 充电点的运营成本

		年服务和维护成本/£	年数据成本①/£	年运营和管理成本①/£	总成本/£
单地装式	13A	220	30	N/A	250
双地装式	13A + 13A	220	30	N/A	250
双地装式	13A + 32A	220	30	N/A	250
双地装式	32A + 32A	220	30	N/A	250
单壁装式	13A	200	30	N/A	230
双壁挂式	13A + 13A	200	30	N/A	230
双壁挂式	32A + 32A	200	30	N/A	230
高速充电设备	直流 50A	1200	30	N/A	1230

①这部分的后台成本计入运营成本中。

4.1.4　项目资金

英国 PiP 项目中的 8 个主要项目是通过 OLEV 的 PiP 项目资助的。这些项目大同小异，但是一般资助大概能达到已完工充电点总成本的 50%。到 2013 年 3 月，该计划资助了 8 个项目覆盖地域的充电点所有者。项目的细节可见 OLEV 网站㊀。

该项 PiP 项目不太可能再次执行。但是它开发出了几个有效的在其他地方也适用的资助模型：

- 充电点所有者一般至少支付 50% 的资金成本，因此对资产拥有所有权并负有责任。但是，英国大曼彻斯特地区的案例是个例外，资产仍归大曼彻斯特地区交通局（TfGM）所有。
- 在英格兰东北部，CYC 项目已承诺支付项目整个生命周期的运营成本，而其他 PiP 项目把责任交给了充电点的所有者。
- 英国 Source East 项目则致力于保证电力供应上的安全。

英国南约克郡的PiP 项目㊁。该项目起源于一个不成功的 PiP 项目应用。其目标是用联合资金流交付 2012 年可能启动的项目。该计划是打算使用英国的地方交通运输 3 号方案（Local Transport Plan3，LTP3）、欧洲地区发展资金（European Regional Development Fund，ERDF）和个人部门的联合资金，来开发该区域内的充电点和 SME 用车辆。SME 将能折价出租电动汽车，并且拥有约 50% 的受资助充电点来支持电动汽车应用。

部分地方政府已在利用地方可持续交通资金（LSTF）支持或筹备各种电动汽车应用方案方面取得成功。各应用方案的具体细节可参见英国 ACT travelWise 组织的网站㊂。资金的关注点非常多样，覆盖一系列的技术、电动交通模型和传播活动。

LTP3 资金。该资金也已投入使用，常用于撬动 LSTF 或者其他欧洲资金。

欧洲合作基金。该基金已被用于推进各种与电动汽车相关的项目。例如，英国布里斯托尔城市议会通过欧洲 ICT 政策支持项目 2011-5 ICT4 下的竞争和创新框架项目成功获取了资金。结合 LTP3 资金，可用于安装城市中心的充电点和开发 ICT 系统，来支持电动汽车通勤。

106 条款。106 条款成功地为许多地区进行电动汽车充电点的安装提供了基础条件，用到的几个机制如下：

- 106 条款规定建筑物要具备接纳电动汽车的能力。这在商业场所和家庭场所都已施行，采用通用方法使配电盘或供电箱能够供充电点接入，或者另外提供专用

㊀ https://www.gov.uk/government/organisations/office-for-low-emission-vehicles。

㊁ 在写本书时，由英国 CO_2 SENSE 公司主导的该项目，其 ERDF 的资助还未获批。

㊂ www.acttravelwise.org/LSTF2011。

线路以备将来接入充电点。

• 106 条款规定一定比例的新建停车位要具有充电点。这在新建建筑物和新停车场上已实施。

• 在英国格林尼治，106 条款也发挥了作用。开发商要为项目交纳一笔资金，该资金由当地政府从战略角度统筹管理。具体来说，针对充电点，资金可能用于将充电点安装在开发商附近的公共停车场，而不是就安装在开发商处。

英国空气质量保证资金（Air Quality Grand Funding）。该资金已被各地方政府所用，以启动一系列的交通低碳排放试验。

私人部门。一些地方政府，如英国布里斯托尔市议会，正在和私人充电基础设施开发商和运营商一起合作，研究在特定地区开发补充性充电基础设施的建议。

汽车金融。一些汽车经销商将家用充电点捆绑在汽车金融整体方案中。

充电点光伏（Photovoltaic）系统。在欧洲推行的 PV 发电补贴上网电价（Feed in Tariff，FiT）机制，促使 PV 行业急速发展。虽然 FiT 机制的补贴逐渐减少，但随着 PV 系统安装成本的逐渐降低，使得在某些情况下 PV 系统仍然是吸引人的投资项目。这样的投资回报意味着很多组织机构正在使用 PV 系统，并且相关收益可以为安装充电点提供资金。这方面有两个模式：

• 开发商可以利用 FiT 机制得到的预期收入并抵消电力成本，证明充电点的投资是正确的。

• 使用第三方金融服务来支付包括充电点在内的所有资金成本，这种情况下出资方得到 FiT 收益，充电站所有者得到免费的电力。

> 在英国布里斯托尔市的电动汽车充电基础设施开发团队，正在加强和私人电动汽车充电基础设施供应商（如英国 Polar 公司）的联系，目的在于让各方开发的充电点可以互补，并可能彼此协作。

4.1.5　成功的成本/收益模型的关键要素

目前，针对公共电动汽车充电基础设施，还没有建立起可持续的商业模式。不考虑可能吸引到的其他收入来源的话，目前出现的模式都取决于电动汽车的增长和充电基础设施的利用情况。

1. 电动汽车充电基础设施面临的资金可持续性上的挑战

目前，阻碍英国充电基础设施商业模式发展的因素包括以下几项：

• 路面上行驶的电动汽车数量还非常少，所以还没有基础设施在使用一段时间后能够达到财务可持续水平的。

• 由于电动汽车相对昂贵而限制了其使用数量，因此难以精确预测公共充电基础设施的使用水平，即某公共充电基础设施在可预见的未来的使用情况。

• 尽管大型车辆试验已经在英国开展，但是对驾驶人会如何使用充电基础设施仍然缺乏清晰的理解。而因为文化和行为的差异，国际上开展的试验又不完全具有代表性。近两年，在英国产生的一个变化趋势是，相对更重视高速充电设备。高速充电设备目前被认为是促进市场接纳电动汽车的一个重要催化剂。一些案例表明，高速充电设备的重要性要高于其他充电基础设施。

• 由于英国用户能够每21天就可以更换电力供应商，所有电力供应商没有动力投资充电点的安装。

• 受英国燃气与电力办公室（The Office of Gas and Electricity Markets，Ofgem）的法规限制，DNO不能供应充电基础设施。

• 各方面的技术还需要继续开发。例如，在短期内要增加电动汽车的预期续航里程；感应式充电（induction charging）正在世界多地方开展试验，如伦敦。

• 插电式混合动力电动汽车（PHEV）和增程式电动汽车（E-REV）在2012～2013年进入市场，这在电动汽车的销售及在充电基础设施的需求方面产生的影响还不是十分清楚。至少制造商希望大多数插电式电动汽车和E-REV是在家充电，而不是用公共充电基础设施充电。

• 目前，有观点认为在英国相关的想法某种程度上受PiP项目的影响过大，并发现很多项目在目前非必要的充电基础设施可持续运营方面会遇到很多人为困难。因此，主流观点认为当充电基础设施是以需求为导向时，各种商业模式才会自然出现。

2. 潜在和新兴的收入来源及运营模式

一旦充电基础设施被频繁使用，一系列潜在收入来源将有助于充电基础设施的可持续运营。其要点如下：

• OLEV正在和Ofgem合作，改变电动汽车充电用电力的最高限价。理论上，这可能会促进电动汽车充电电力溢价销售。

• 方便电动汽车用户的停车措施，也会在常规停车率下带来新的收入。例如，在英国纽卡斯尔市NCP集团的停车场就将充电点设置在停车场的入口处，并且紧挨着汽车俱乐部和自行车停车位。

和Ofgem一起解决监管障碍

对于通过公共准入式充电点为插电式车辆充电时出售电力的价格，我们认为是不适用最高价转售（Maximum Resale Price）规定的。Ofgem计划通过协商来摆脱此类规定的限制，进一步明确相关内容，从而能够提供一个自由市场来推动通过公共充电点出售电力。

资料来源："making the connection：the plug-in vehicle infrastructure strategy"，OLEV，2011年6月。

• 目前，充电基础设施俱乐部是采用单人会员收费制度的，部分是由于后台系统相对简单。不过，有一些具备潜力可提供更为先进的充电车位预订服务，所有这种附加的复杂功能和其他未来的成果意味着会带来更多的会员收费收益。

在英国，“Green One”是面向零排放和低排放车辆用户城际间出行的停车许可制度。如果用户车辆是电力驱动的，可以得到一张免费的有效期为12个月的月票。如果用户车辆二氧化碳排放量低于100g/km，或是采用可替代燃料驱动且二氧化碳排放量低于100g/km，可以以每月从银行账户自动扣款的方式来5折购买为期12个月的月票。

- 可以选择每周需要的天数，从一天到七天均可。
- 每月从银行账户自动扣款的好处是无须排队，并且不需要每天准备零钱来购票。

资料来源：www. kirklees. gov. uk/transport/parking/pdf/TheGreenOneWEB. pdf。

- 为了鼓励更广泛地使用低碳排放车辆，正在发展各种相关的俱乐部。规定要增加低碳排放车辆停车位，而不仅是电动汽车专用停车位，意味着可以从更多的车辆用户那得到资金。
- 英国西北部的CYC项目曾非常希望建立俱乐部会员忠诚度奖励制度，可能包括休憩场所或是在宾馆和零售店方面的优惠。.
- CYC项目也在试验一个即付即用的准入系统，这预计将成为未来提供的服务的重要部分。
- 车辆链（Links to Vehicles），是一项针对城市电动汽车的一揽子计划。法国Paris Auto Libr公司在巴黎设立了250个充电站，电动汽车可以在此集散并充电。车辆可离开某充电站，并在任何一个充电站充电。这种模式下，充电基础设施是有市场保障的，充电基础设施的成本也包含在整体用车计划中。
- 英国Polar公司是一家充电基础设施供应商，能提供适合各种应用情况的会员模型。它提供多样的会员制一揽子计划，包括家庭和工作场所充电的情况，也包括使用更大规模充电网络的情况。在公共网络每充一次电则收取一次费用。
- 在电动汽车充电基础设施企业内部有一种看法，认为充电数据是具有内在价值的。可以预见，使用电动汽车充电基础设施所得到的数据，对零售商、充电基础设施开发商和交通管理/服务部门在内的一系列利益相关方都是有价值的。
- 充电点和后台的不断发展，带动了针对细分市场应用的各种功能的开发工作。看起来，这些开发成果可以实现增值。例如，后台管理系统的开发成果就可以为车队、资产和电网负荷管理提供数据支持。
- 展望更遥远的未来，车辆到电网（V2G）的放电被认为能够对地方电网起到支撑作用。世界各国也在进行一些相关试验。预计这种功能也将成为增值点。

• 在英国，高速充电设备还是相对比较新鲜的事物，但是在日本已经使用一段时间了。所有的试验均表明，电动汽车用户非常青睐这种充电方式。针对英国某车队用户和高速充电设备布局的调查也表明，之前用过高速充电设备的用户更喜欢用高速充电设备。在零售店边上摆一个高速充电设备将是一个非常有吸引力的商业配套设施。

• 美国 EVoasis 公司，为加油站转型成高速充电站提供了标准方案。在用户给车辆充电的最多 20 min 的时间里，高速充电站可向用户提供零售和餐饮服务。其中还包括能量存储装置，不仅能为车辆充电，也可以为电网供电，因此有了吸引人的潜在收入来源。英国大曼彻斯特地区的充电中心在某种程度上和美国 EVaosis 公司的类似。

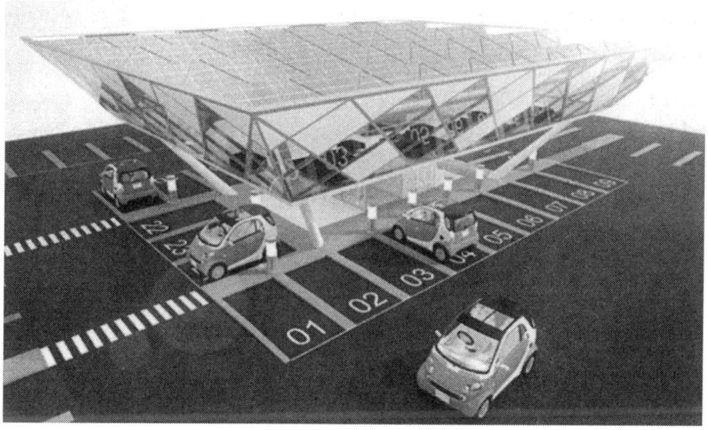

图 17　一体化电动汽车充电和零售体验

"20min 看起来很长，但是你在我们充电站溜达一会就不会这么觉得了。每个 EVoasis 充电站都可以为客户在 20min 的充电等待时间里提供最大化的便利服务。大部分 EVoasis VESTAT 服务站和 Charge Xpress 服务站内或附近都能提供以下服务：

有机咖啡、烘焙食品、三明治、软饮料、果汁、有机食品、熟食、水果和坚果、精品茶、美国邮政、联邦快递、打印/传真、干洗、电动汽车/混合动力汽车租赁、美国 ZipCar 公司会员服务、车辆安全检查、音乐/电影租赁、活动和演出门票、本地特产、班车服务、道路救援、集体保险业务、集体租赁/融资业务、旅行业务、车辆电池测试。"

资料来源：www. evoasis. com

• 电池置换。以色列 Better Place 公司（已经倒闭）提出了一个复杂的充电基础设施解决方案，将传统充电点和电池置换技术结合起来。该公司宣称电池置换可以快速完成，更有利于车辆投用。Better Place 公司在全球启动了多个项目，而在以色列的项目是最大的。其研究成果表明，该模式对不能够长时间停工的车队来说最有吸引力，出租车就是一个例子。该模式在英国还没得到证明。

• 各种集成交通模式。目前，还没有彻底的包括已经运行的电动汽车在内的集成系统。但是，很多相关试验项目正在开展，测试着这个概念。由于电动汽车只是各种低碳交通解决方案的一部分，因此这些模式很可能与用户、车辆和充电基础设施一起得到发展。用户、车辆和充电基础设施是由复杂的信息技术（Information Technology，IT）和商业模型联系在一起的。

• 一些组织目前探索出一个能让电动汽车用户和电力供应商从长期关系中共同获益的办法，其中包括了车辆融资方案中的电力成本。但这个方法也产生了如何评估和采购的新问题。

4.1.6 成功的要素

在开发阶段，决定项目是否成功的要素有很多。在要实现可持续模式的前提下，以下几项看起来是最重要的要素：

• 了解消费者

○ 仔细梳理并了解消费者需求。一些充电点每天都会被使用，一些高速充电设备因为适合日常出行使用会很有吸引力，一些用户将需要快速更换电池，一些应用方案所要求的充电设备只是为了“以防万一”。

○ 要与电动汽车用户、潜在的电动汽车和充电基础设施用户建立不断发展的关系，这对于优化正在开发的服务理念是非常重要一个因素。

• 利用率

○ 充电点要布局在可以最大化利用率的地点，根据客户诉求来进行布局也可以达到同样的效果。某些地方议会用 Mosaic 之类的工具了解本地的人口情况，并相应地布设充电点。

○ 带来最好回报的充电点，是那些签署使用协议的充电点，如通勤者签订在 12 个月每个工作日使用充电位的协议；或是能达到车队运营方要求的使用水平的充电点。

• 服务分档

○ 有价值的主张是以用户为焦点的，鼓励最大化的利用率，并将充电点数量降到最低能满足需求即可。

○ 这个方法可让顾客选择一系列不同的服务包，从即付即用到日用、周用或紧急使用。

○ 除了充电以外，还可以提供与一系列利益相关方有关的附加服务。利益相关方可能包括零售商、能源供应商或其他交通模式运营商。

○ 这些服务很可能会随着后台管理系统不断复杂而得到巩固。

● 成本最小化

○ 在满足所需功能的前提下，通过选用最便宜的充电点和安装作业，来将成本降到最低。

○ 在满足需求的前提下，将充电点数量降到最低。

第 5 部分　技术指南、立法和标准

5.1　交通标志

英国交通部（Department for Transport，DfT）制定的交通标志政策文件《道路标志》（Signing the Way），建议地方政府应在制定其他规划和交通措施的同时制定停车政策以推动可持续交通的发展。相关的修订案对停车位和标志牌做了专门的规定，以方便电动汽车充电。

在路边或者法定停车规划区域的插电式车辆停车位，需要安装官方批准的交通标志。英国 DfT 的相关交通标志法规规定，可以在交通标志上加一定的文字，来说明停车场的要求和时间限制。有关交通标志的相关法规参见英国 DfT 的网址 https：//www. gov. uk/guidance/traffic-sign-images。相关图例参见《英国交通标志法规及通用指南 2011（第 2 修正案）》［Traffic Signs（Amendment）（No. 2）Regulations and General Directions 2011，TSRGD 2011］⊖列表第 1 部分（图例 660. 9）。图 18 给出了一些示例。

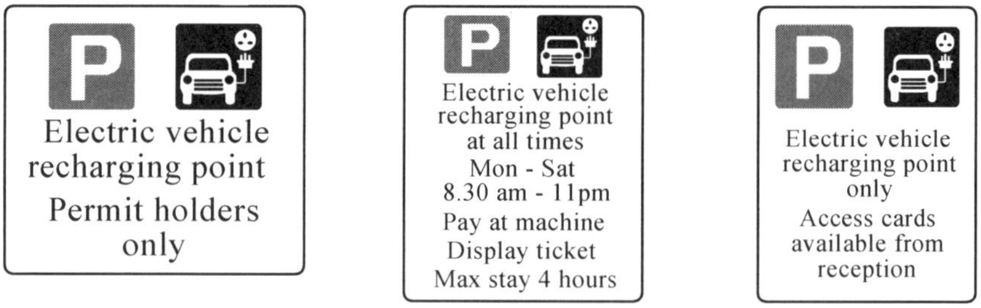

仅限电动汽车　　　　限时　　　　路外私有物业

图 18　插电式电动汽车停车标志牌示例

各种文字说明能清楚地向消费者说明相关应用方案的功能。

- 英国纽卡斯尔市议会规定，用户可以在充电点充电时不限时、免费停车。
- 英国米镇议会的规定中有时间限制，目标是在激励插电式车辆使用的同时，通过允许非电动汽车在非高峰期停车，来减轻对空置充电停车位的批评。

⊖ 已发布 2016 版，见英国 DfT 网站。

• 英国布里斯托尔市议会规定了专用插电式车辆充电停车位，但是停车正常收费，充电免费。

其他附加的标志都被归为广告管理，因此需要通过政府的检查规划许可流程。这会影响设备上的赞助标语和商标的大小，并应在进行各种商业谈判的时候考虑进去。

除了这些交通标志以外，英国 DfT 的相关法规还规定了其路边停车标线（见图 19），这些同现有的残障人停车位和持证停车位的设计类似。同样，其相关图例参见 TSRGD 2011 列表第 1 部分（图例 10283、1028.4、1032）。

以下网站可以获得更多信息：

https：//www.gov.uk/guidance/traffic-sign-images

https：//www.gov.uk/government/organisations/department-for-transport

英国 DfT 法规里面没有考虑路外私有物业的交通标志问题，所以标志牌和标线由业主自己决定。

图 19　插电式车辆路边停车标线示例

图 20　英国盖茨黑德市美琢购物中心（Metro Centre）的高速充电停车位

图 21　英国伦敦市盖特威克（Gatwick）机场多层停车场的插电式车辆停车位

5.2　充电模式

在英国，最常见的是家用三脚 BS 1363 插头，额定电流为 13A。而英国标准 BS 7671-2008《电气设备要求：IEE 布线规则》规定，家庭住所只允许使用封闭式插座。早期电动汽车的充电解决方案主要采用无所不在的三脚插头。

尽管这种连接类型非常普遍，但是用来给电动汽车充电却不够理想。电动汽车以恒定 13A 充电需要好几个小时，如果插头损坏或者受到腐蚀可能会导致过热问题。

由于上述插头只有三脚，所以无法充分利用增强的安全系统和车内监控功能。许多车辆制造商已采用模式2（见本书5.2.3节）的连接器盒限制充电电流，使之与最高13A的插头相匹配。

为降低电动汽车充电系统安装失败的风险，并为有资质的安装作业人员提供指南，英国工程技术学会（IET）制订了《IET电动汽车充电设备安装实施规程》。英国/欧盟系列标准BS EN 61851《电动车辆传导充电系统》（Electric Vehicle Conductive Charging Systems）规定了，充电基础设施相关设备和插电式电动汽车如何安全地互动，并规定了一些更为复杂的充电模式、额定值和接插件类型。

5.2.1　充电连接和充电模式的定义

定义了4种特定模式来描述电动汽车的充电特征，如图22所示。

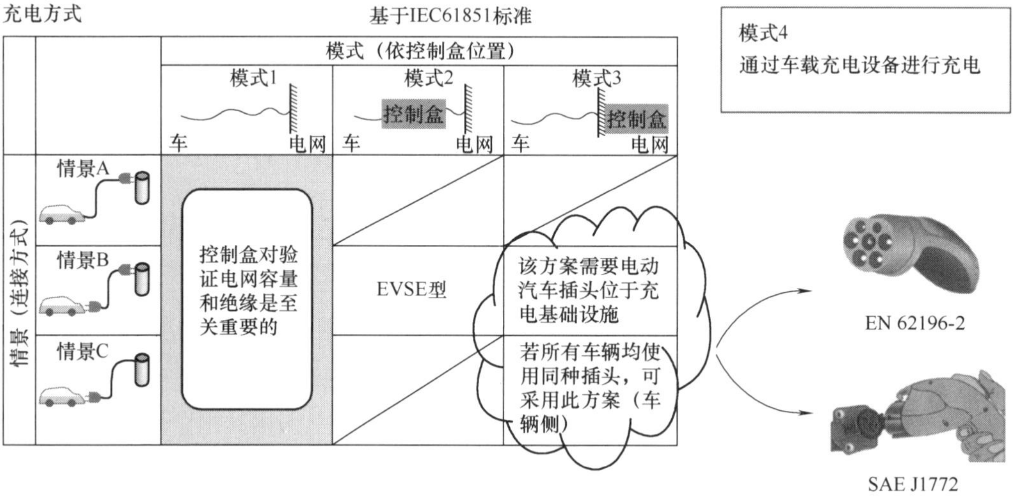

图22　充电模式的定义

5.2.2　充电模式1

这是最简单的一种连接方式。车辆通过传统的家用交流13A三脚插头和插座（BS 1363）连接到电源上。某些情况下，会使用额定电流更大的16A蓝色Commando插座（BS EB 60309），但是这种插座不可在家用壁挂式充电设备上使用。此模式被认为是旧式的，适合上一代的电动汽车，如G-Wiz简易四轮电动汽车。

这种方式的主要优点是结构简单、成本低，适用于现有的绝大多数充电基础设施。

其主要缺点在连接的安全性和保障正常工作方面，如充电时电缆脱落和充电不足（由于电火花腐蚀和触头损坏）。使用充电模式1要求供电侧具备剩余电流保护器（Residual Current Device，RCD）。在国家法规没有规定供电侧必须配备一台RCD的场所，不允许采用模式1，但是重要的是仍有可能出现这种情况。

图 23　三菱 iMiEV 电动汽车以模式 1 的方式连接电源充电

5.2.3　充电模式 2

模式 2 是车辆制造商为克服模式 1 的主要风险而开发的过渡性充电方式。这种方式仍旧允许通过三脚家用插座进行交流电连接。充电基础设施也是一样的，但是连接车辆的电缆中有一条通信线路连接车辆和中间的控制盒（见图 24）。该控制盒可与采用模式 3 车辆进行连接（下面还将介绍）。这个控制盒含有 RCD 单元，并能和车辆通信以保证充电连接完好，也会通知充电系统车辆的最大可充电电流。控制盒通常与标准的三脚插座距离更近，以使未保护电缆最短。很多制造商已利用控制盒将最大充电电流限制为 10A。尽管这样增加了充电时间，但是降低了上游未知供电电路流过 13A 恒定充电电流而过热的风险。

相比模式 1，模式 2 的主要优点是，保证具备 RCD，以及控制盒可以限制所需电流大小从而降低了减低供电侧风险；主要缺点是，由于电流受限因此增加了充电时间。这种方式也不能阻止用户将插头接到不合适的电路中，如电路中有一条或多条传统的延长电缆/线，则代表会有一系列过热风险。

图 24　10A 充电情况示例（模式 2 下带 RCD 的控制盒限制对插座的需求负荷）

对于公共充电基础设施来说，模式 1 或模式 2 的充电点已不够先进。英国低排放汽车办公室（OLEV）的各 PiP 项目已不再资助（2012 年 4 月后）这两类充电点的安装，仅资助模式 3 的安装。

在家用环境下，配以合适的相关电路，可能会安装模式 1 或模式 2 的充电设备，但是有如下缺点：

- 充电设备不可避免地要使用延长电缆，并会带来相关风险。
- 在使用延长电缆的情况下，充电位置可能不固定，意味着接地条件会变化。
- 车辆需要的恒定充电电流可能会超过模式1的13A的额定电流。

5.2.4　充电模式3

该模式是通过复杂的电动汽车供电设备（Electric Vehicle Supple Equipment，EVSE）将电动汽车连接到交流电源上的。在这种情况下，模式2中的控制盒的功能被放在EVSE内，从而增加了安全性。因为EVSE的安装方式能保证提供更高的电源容量，所以其充电电流更高，一般相电流高达32A。电缆中的控制线可以让EVSE和电动汽车进行通信，依据车辆情况确定充电电流。充电设备可以是自带常规充电线缆（情景C）的；或是需外接可伸缩充电线缆的，充电基础设施上带固定插座（情景B）。情景B仅适用于非家用场合（家用场合仅允许使用符合英国标准BS 7671的带有安全保护的连接器）。如果是插座是组装在与设备一体（单端组装固定在设备上）的充电线缆上的，在家用场合可以使用这种不带保护的插座。

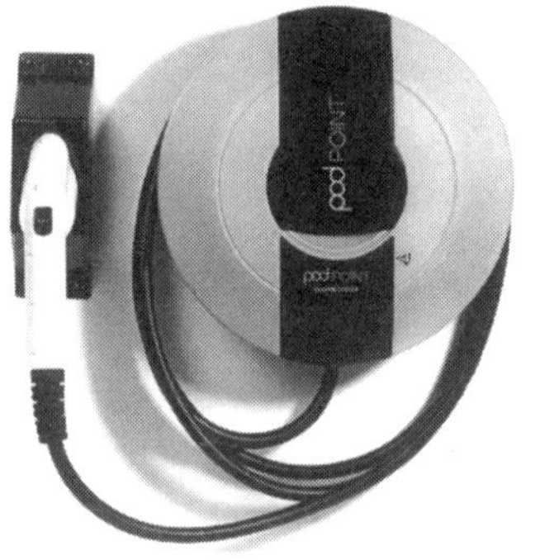

图25　模式3情景C（带常规电缆，充电电流高达32A）

图26　模式3情景B（带2型连接器，充电电流高达32A）

该模式的主要优点是，可以监控导线的完整性。在EVSE传输电力之前，必须和车辆先建立通信，以便核实连接电缆的容量，以及让充电设备提供电动汽车能承受的最大功率。

该模式的主要缺点是，这种连接方式不像BS 1363家用插座那样已广泛应用，并且更为复杂，还要安装新充电基础设施从而增加了成本。

5.2.5　充电模式4

充电模式4利用车外充电设备来提高车辆电池的充电速度。相关设备被设计成大功率输出的，并将单相或三相交流电整流为高电压直流电，通常电压是500V。

这样，比较大的功率可以让合适的车辆在约 20min 内充电到 80%。作为预防措施，让车辆并不完全充满，以保护每个电池芯。

电缆和连接器是装在充电基础设施上的。“充电枪”被电控机械机构锁定在车辆充电连接器上，以完成充电。一般设备还会有一个屏幕，来指导用户完成连接和断开的操作，并显示充电等费用。

充电模式 4 的体验是最接近传统加油过程的。充电设备体积大，充电线缆及“充电枪”都比较沉，整体类似加油机。

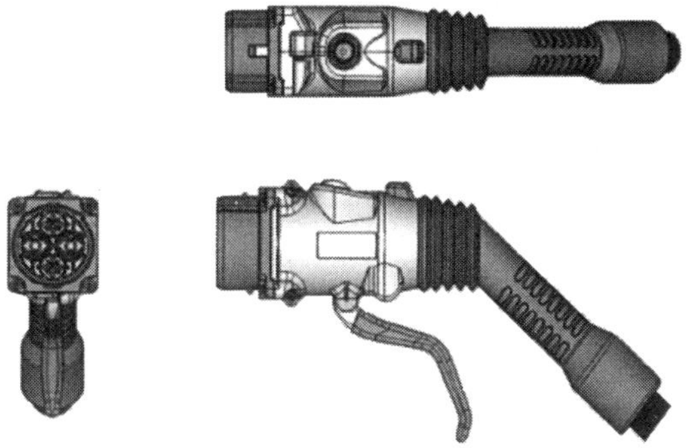

图 27　模式 4 CHAdeMO 连接器

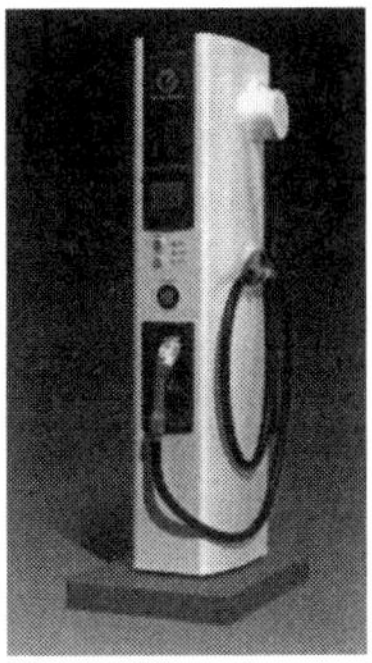

图 28　模式 4 高速充电设备

不是所有的插电式电动汽车都可以使用模式 4 进行高速充电。在英国，所有已安装的充电设备都兼容 CHAdeMO 标准的连接器，能适用于三菱、日产、斯巴鲁、标致和丰田的插电式电动车辆。虽然会出现一些依标准 EN 62196 由德国和美国汽车制造商开发的具有潜在竞争力标准，但是目前 CHAdeMO 标准是英国实际采用的标准。

图 29　日产聆风电动汽车在高速充电站充电

5.3　插头

13A 的三脚 BS 1363 插头是英国最常见的一类插头。尽管它一般都适用传统的采用模式 1 充电的车辆，但是插头没有额外的通信端，不能让充电桩内嵌的充电同步功能发挥作用，不能和插电式车辆互动。

这类插头也与模式 2 充电线缆相匹配，电缆上有封装在坚固外壳内的具有在线故障检测和保护功能装置（见图 24）。通常这些装置可以将从 13A 插头上获得的最大电流限制为 10A。

EN 60309 插头，通常指蓝色 Commando 插头，额定电流为 16A，用于单相非家用场合（符合英国标准 BS 4343㊀）。在某些商业轻型电动汽车方案中也能看到这种插头，其商业化前提之一是已经批准可直接安装配套连接的插座。

英国标准 BS 7671 规定，因为配套插座缺乏保护装置，所以不能直接安装在家用场合。有一小部分这类插座可以应用在家用场合，但只针对将之组装在与设备一体的充电线缆的情况。

该插头也适用于充电需求大于 13A 的采用传统模式 1 的乘用车。该插头和 BS 1363 插头一样，没有额外的通信端来同步充电设备和电动汽车。

因此，标准的三脚 BS 1363 和 EN 60309 Commando 插头被认为是传统的连接器，没有欧盟标准 EN 61851 要求的充电模式 3 那样的额外保护措施。它们在插电式电动汽车上的应用逐渐减少，因此不推荐未来的插电式充电基础设施采用。

J1772 插头与 IEC 62196 插头兼容，它是目前最流行的直接接到车上的插头。它设计成枪的样式，顶部装有扣动机构，可以使插头与车辆分离。该连接器要么直接装在充电点上，如图 25 所示；要么组装在充电线缆的一端，线缆的另一端组装的是连接充电点插座的不同类型的连接器，如图 26 所示。它单相输出功率高达 7kW，但是不支持三相充电。它另有通信端，可以让符合 BS EN 61851 标准的充电点和车辆进行通信。它有一系列相互作用的保护措施，包括在充电点给车辆供电之前确认连接状况和接地状况。

图 30　J1772 枪式连接器和固定在车上的匹配接口

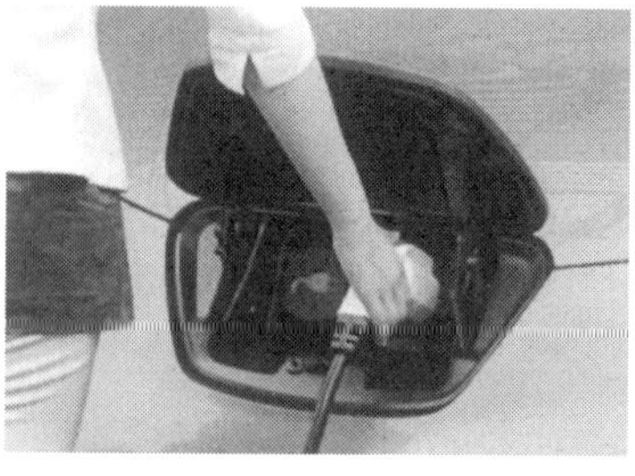

图 31　使用 J1772 接头的日产聆风电动汽车（相邻插口是针对高速充电的）

㊀　英国标准 BS 4343 对应欧盟标准 EN 60309 或国际标准 IEC 60309。

IEC 62196-2 型连接器，有的时候称为 Mennekes™连接器，能提供更高电流的单相和三相电动汽车充电解决方案。它也是基于 BS EN 61851 的，在充电点和插电式电动汽车之间可进行通信。

该连接器得到了更多的支持，因为 2012 年 4 月之后，其配套插座成为 PiP 充电网络的安装选择之一。带该连接器（额定电流更高）的车辆充电线缆，会作为任选附件提供给用户，或者由兼容充电模式 3 的车辆的制造商作为初始设备提供给用户，或者由电动汽车零售商作为售后配件出售给用户。这是为了让用户可以享受该连接器带来的更高的充电电流和更短的充电时间。

接插充电线缆，或是一端为 IEC 62196-2 型连接器和一端为 J1772 枪型连接器；如果能与车辆充电口匹配的话，或是两端都是 IEC 62196-2 型连接器（见图 32）。

为了缩短充电时间，家用充电设备可采用具有更高电流的连接器（作为充电模式 3 的解决方案中的一种措施）。但是和安装其他充电基础设施一样，只有彻底检查电力容量之后才可以进行安装，并且连接器必须是组装在与设备一体的充电线缆上。在英国，是很难为家庭场所提供三相交流电源的。

图 32 IEC 62196-2 型连接器

图 33 JEVS G105 50kW 直流高速充电连接器

JEVS G105 连接器（见图 33）是一个重要部件，仅适合组装在与设备一体的充电线缆上，用于 CHAdeMO 型高速充电设备（见图 28）。它符合国际标准 IEC 92196-1，也可以实现与车辆的数字通信，保证连接完整和便于进行控制。10 条线端合并为 4 束，充电开始时电控机械机构将连接器锁定在车辆插座上。充电时会亮起警告显示灯。为了确保安全和操作效率，连接器仅能在完成充电点通信确认后才能拔下。

5.4　电缆

表6　充电线缆类型和特征

IEC 61851-1的命名	图　例	描　述	优　势	劣　势	备　注
情景A		充电线缆一端组装固定在充电基础设施上，另一端的插头接电动汽车	一直可用 单线充电 依电动汽车充电需求	需接匹配的连接器，充电性能受限 更换损坏电缆费用很高	
情景B		单独的充电线缆	消费者可根据充电基础设施，选用充电线缆上合适的连接器	两个连接器 使用带故障的充电线缆会导致充电基础设施出错	具有多种可供使用的充电线缆 适合充电模式2、3
情景C		充电线缆一端组装固定在电动汽车上，另一端的插头接充电基础设施	单线 检测与设备间的工作状态	充电线缆可能意外或被故意损坏 电动汽车要与充电基础设施的连接器相兼容	在家庭和工作场所均可充电 采用螺旋弹簧电缆和给连接器带上保护套，可以尽量避免损坏

为进行模式1、2、3、4充电，选用的电缆必须符合英国标准BS 7671-2008中附录4“电缆和软电线的最大允许电流和电压降（Current Arrying Capacity and Voltage Drop for Cables and Flexible Cords）”的要求，以使电缆在长时间持续载流发热的同时能保证具有令人满意的寿命和绝缘性能。

电缆必须满足以下这几方面的要求：

- 热冲击保护
- 热效应保护
- 过电流保护
- 电压降要求
- 降容系数，如温度系数
- 环境条件，如部件所用封套内发现腐蚀性溶液和液体
- 机械保护

电缆组件必须由有资质的人员来生产和修复，并且应当在使用前经过充分的测试。这类用途的商业化电缆目前有售，并且经过了所有必要的测试审批。建议使用这类电缆组件以保证功能性及与电动汽车的兼容性。

在电动汽车充电连接上，一定不能使用延长线。并且，线缆不得做任何改装、加长和篡改。

应检测和用肉眼观察组装到充电基础设施上的充电线缆的组件表面是否有损伤，对连接器、绝缘结构和导电部件也是如此。检查的时间间隔应符合充电基础设施制造商提供的指南；如果制造商没有提供指南，可能根据充电基础设施所有者的责任险中的规定或公共设施巡视制度来进行检查。所有组装一体式充电线缆的设备都为线缆设置了一定的预留额度，以降低意外损害的风险。对充电点进行全面电气检查的时间间隔不得超过 12 个月。

独立的充电线缆通常为车主所有。车主对其完整性负责。建议车主根据车辆手册的指导对其进行肉眼检查。如果有损坏或者异常，应将之与电动汽车型号一同报告给车辆经销商，由经销商安排维修或更换。

损坏的电缆组件在任何情况下都不得使用，用户不得自行尝试修复电缆或连接器，因为这样可能会对设备运行和人身安全带来极大的风险。

插电式电动汽车的充电线缆必须严格根据设计意图使用，不得用于其他用途。

5.4.1　电缆类型

螺旋弹簧电缆有一项优势，就是在充电点和车辆之间的线缆不会松垮下来。通常将电缆外观为辨识度较高的黄色或橙色，这样可以增加辨识度以便视力受损的人员使用，并降低使人绊倒的风险。这类电缆比常规非螺旋软电缆要贵，几乎不生产 16A 以上或高于国际标准 IEC 61851-1 要求的螺旋弹簧电缆。为了进行模式 3 的充电，该类电缆组件要使用额外的导电部件，单相和三相的情况均如此。

电动汽车用的多芯软电缆也应使用醒目的颜色，减少使人绊倒的风险。相对于螺旋弹簧电缆来说，其成本更低，有大量针对各类型连接器的该类电缆可供购买。

家用充电单元采用黑色软电缆。一些汽车制造商的充电模式 2 的电缆组件，采用的是黑色相对较短的圆形软电缆。

所有的充电线缆在充电开始前都应完全展开，以免电缆出现热损伤。但是，螺旋弹簧电缆的长度是自调节的，电缆设计时已考虑了热损伤方面的问题。

5.5　充电点

图 34 所示的非家用充电桩是使用射频识别（RFID）卡进行访问的，图中给出了非家用充电桩的基本组成部分。下面介绍了充电桩具有的各方面特征。

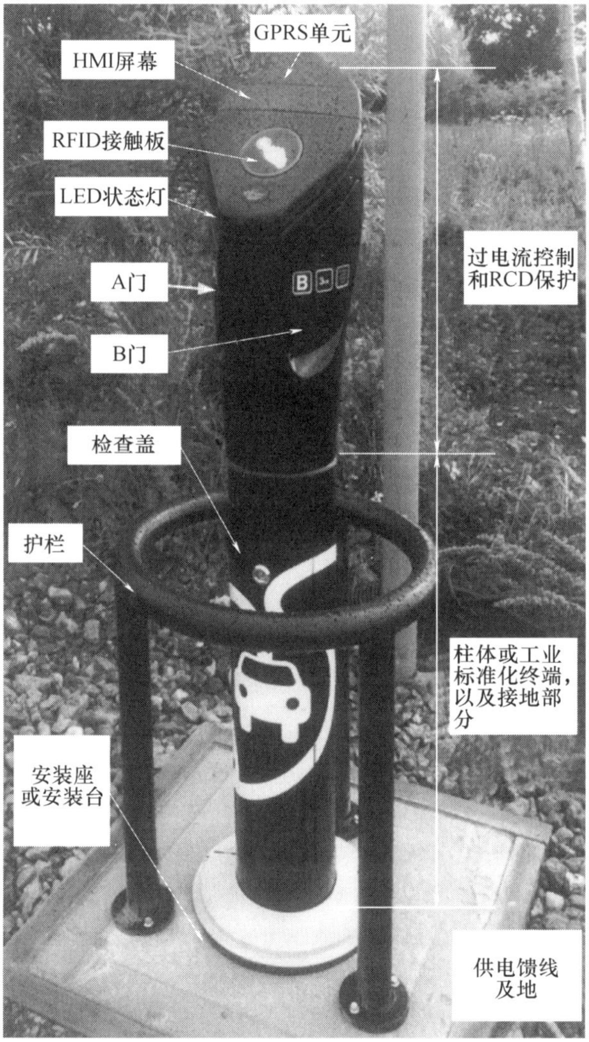

图34 地装式充电点的主要特征

1. LED状态灯

可通过LED状态灯的颜色了解充电桩的状态。通常其颜色代表的状态如下：

- 蓝色=可用
- 绿色=使用中
- 红色=故障

2. RFID读取器

使用充电桩时，用户要将RFID卡贴近RFID接触板/读取器。RFID标签/卡可以是遵守ISO 14443协议的工作频率为13.5MHz的非接触式RFID标签，或者是兼容Mifare Classic和DESfireEV1协议的加密卡。虽然支持充电桩工作的后台网络决定了所需准入卡的类型，但通常充电桩既能读取 Mifare classic 卡也能读取 DESfire 卡。

唯一识别信息是充电网络管理方发送给用户的，并存储在 RFID 设备中。该信息会被解码，并与存储在充电桩内存里的名单进行对比。

如果根据存储在充电桩内的数据能够确认用户具有授权可使用这台充电桩，充电桩的 A 门或 B 门就会开起，露出充电插座。目前，通常双出口充电桩有一个 13A BS 1363 插座和一个充电容量更高的 EN 62196-2 插座。

开哪个门取决于哪个充电插座可用，以及车辆的充电容量。充电容量的信息也会加密储存在 RFID 标签/卡上。各插座舱门的配置因制造商而异。

人机界面（Human Machine Interface，HMI）可以给用户提供全程指导，一旦充电线缆的一端成功连接车辆，另一端插入到充电桩上相匹配的插座，那么在充电开始前必须关上门。如果在规定时间内整个充电过程没有结束，一般充电桩都有延时功能，但启动充电步骤必须再重复一遍。

门被关上后，充电桩会和车辆进行反馈检验以确保所有事项正确，然后开始充电。应注意，只有用开始充电前开启充电门的 RFID 标签/卡，才能在充电结束时再次用来开启充电门。

充电桩内安装了通用分组无线服务（GPRS）单元，用来传递指令，包括更新授权用户名单，也给后台系统提供充电桩的使用数据。系统后台管理人员可以在线看到充电桩是否为可用状态，还可以因紧急状况和交通执法原因遥控隔离单个充电桩或是开启充电桩的充电门。

其安装方式可能受工业混凝土固定装置的影响，也可能受安装在充电桩主轴柱内地下基座的影响，具体那种视制造商而定。

在很多情况下，充电桩底部的电源电缆由邻近的带有额外保护装置和电能表的馈电设备引入。电缆是钢丝铠装的，装在地表之下的电缆导管内。电缆导管通常是 100mm 有弹性的耐冲击管。

典型的馈电设备和安装基座如图 35、36 所示。

图 35　典型馈电柱

图 36　典型充电点安装基座

表 7 给出的充电点是目前在英国可买到的一些典型产品。除此之外，还有其他一些制造商、样式或类型的产品可以买到。

表 7　英国目前能买到的电动汽车充电点设备示例

供应商	①APT 公司	②APT 公司	③Chargemaster 公司	④Podpoint 公司
壁挂式				
供应商	⑤Elektromotive 公司	⑥Podpoint 公司	⑦Chargemaster 公司	⑧APT 公司
地装式			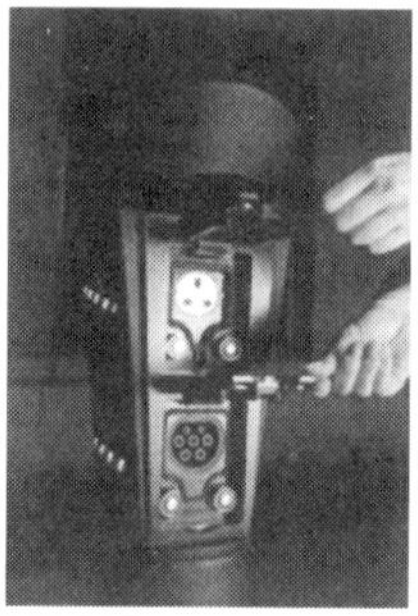	
供应商	⑨ABB 公司	⑩Elektromotive 公司	⑪日产公司	⑫ABB 公司
高速充电设备	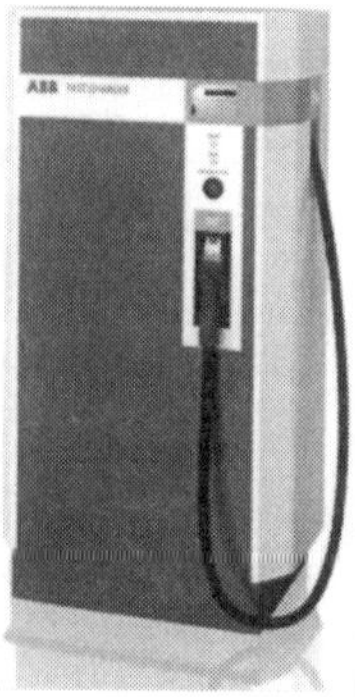		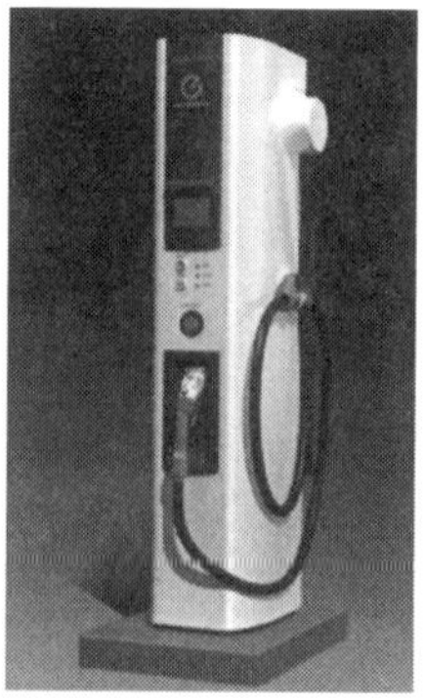	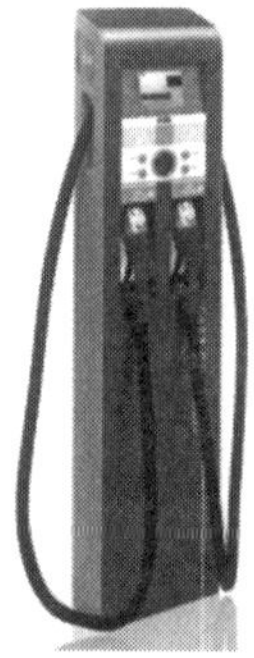

表 7 中各设备说明如下：

1）设备①、③是不同样式的双插座壁挂式充电点，均很小巧，充电容量为 3kW 或 7kW。

2）设备②是具有中央控制系统和多个充电点的系统。

3）设备④是单插座壁挂式单元，分家用和非家用两种。

4）设备⑤是单插座地装式单元，充电功率为 3kW 或 7kW。

5）设备⑥和⑦是双插座地装式单元。

6）设备⑥带有停车场用安全护栏。

7）设备⑦可提供 7kW 交流充电和 21kW、32A 三相交流充电。

8）设备⑧是多插座电动自行车充电站。

9）设备⑨、⑩和⑪是单插座 50A 高速充电设备。

10）设备⑫是一台可提供几个（图中为 2 个）充电点的高速充电设备。

5.6 一体式电能表

大多数公共场合充电桩都有一体式电能表。虽然这些电能表都是被认可的产品，但能源供应商们一般不愿使用，更乐于使用自有的计量系统。但是一体式电能表也有它的优势，就是可以通过 GPRS 通信连接到后台系统，因此可以远程读取数据。这个功能也满足英国 OLEV 的 PiP 项目基金的要求。

连接到后台管理系统的充电设备经常使用 GPRS 通信，将已输送的电能、更新的核心白名单和充电桩的状态等数据经由无线网络传送出去。因此，在考虑单元选址的时候要注意，该地点通信网络覆盖要足够好。

图 37 多点充电系统

一些系统利用局域网（LAN）通过有线链路传送数据，如图 37 所示。该系统具有主充电桩和多个从属充电桩。从属充电桩使用多个基本的单插座出线盒，以菊链式结构，连接到一个与后台连接的通信及控制充电桩。

5.7 电缆和充电点安全

充电线缆价格昂贵，因此必须采取措施保证其在充电时的安全，尤其是位于路边或其他显著的位置。

公共充电点有可开启的舱门，由 RFID 标签/卡控制，意味着只允许有正确 RFID 标签/卡的人能打开，拿出充电线缆。这说明充电线缆在充电桩端是安全的。

很多已网络化的充电系统具有双向通信的能力，因此不仅能由充电点上传使用数据，也能将软件更新下载到充电桩。此外，还可以收集可供分析发现潜在故障的状态数据，一旦出现故障，可以远程隔离该充电点。与之类似的，还可以在停车管理或紧急服务时，远程控制开启充电点充电门。

许多电动汽车在车辆充电舱门上留出了挂锁的安装空间，保证充电线缆在车辆端的安全。

充电点可以用护栏围起，免受冲击，如图 38 所示。

图 38　日产聆风电动汽车在一个有护栏的双充电口地装式充电点上充电

5.8　家用充电单元

家用充电单元及其安装应符合英国标准 BS 7671-2008。该标准规定仅允许使用带有保护装置的接头。因此，除了 13A 插座外，电动汽车充电仅允许使用与设备一体的充电线缆。

充电点制造商可为充电点提供一系列各种规格的配套部件，包括如下几种：

- 13A，BS 1363 插座，仅用于充电模式 2 的接口线缆。
- 16A，J1772 连接器，与设备一体的充电线缆。
- 32A，充电模式 3 与设备一体的充电线缆并带有 2 型插座。

可以在家用充电单元上安装计时装置，以便充分利用优惠时段的电力，从而降低成本和/或利用可再生能源。一些车辆，包括日产聆风电动汽车，带有一体的编程器，因此使用常规家用计时器计时来实现上诉目的是非常不明智的。

家用充电设备可以安装在大多数带有路外停车位的家庭，但是必须由有资质的人员检查电气线路，并建议 DNO 检查接入电源。所有设备的安装必须符合英国标准 BS 7671，并符合英国工程技术学会（IET）的电子充电基础设施安装指南。

一些车辆制造商会联合充电基础设施系统供应商和安装商为终端用户提供便捷的服务。安装商为家庭提供全面的测量和安装服务。

图 39　日产聆风电动汽车在家用充电点充电

图 40　带 J1772 连接器的家用充电点

5.9　计量

所有安装在路边的充电设备必须有电能表。电能表要符合相关电力供应商的要求，并经过它们的授权。理想情况下，电能表应是一体的，可以远程读取、记录每一笔电能交易数据，为欧盟标准 EN 62053-21/英国标准 BS 8431 的 1 级和国际标准 IEC 60688 的 0.25 级仪表。设备通常不是由政府部门提供的，而是由能源供应商或其授权机构提供的。电能表一般会装在充电桩邻近的馈电柱上，但很少的一些情况下会装在设备自身的底座里。

5.10　电网连接

除非充电设备可以从已有的带电能表配电箱获取电力，否则需要向负责接入电网的 DNO 提交入网申请。

在完成了关于选址、邮政编码、地图和草图的全面的现场勘查之后，DNO 会提交一个包含成本在内的评估报告。如果一定要选择电缆馈电来提供足够的载流能力，那么有时候连到现有馈电柱上会节约很多成本。但是，有时候很难弄清楚现有馈电柱的所有者，那么建立新的连接就成了最方便的选择。

在评估的基础上，DNO 会安排工作日程，地方政府相关工作部门要注意和 DNO 或承包商保持联络，以确保采取适当的措施从而将对行人的影响和车辆的破坏减到最小。

一般来说，新的电源电缆被留在馈电柱内，同时还有设备供应商代理公司安装的充电点接入电缆，或者由安装工程主办方指定的电缆接头。电能表安装商连接电能表，并在充电桩供电电路上安装熔断器，这样安装就结束了。充电桩必须在制造商的指导下投用和测试。

5.11　系统准入标签

充电设备一般用非接触式准入标签。使用的是遵守 ISO 14443 协议的 13.56MHz 的 RFID 标签，以及兼容 Mifare Classic 协议和 DESfire EV1 协议的 RFID 加密卡。系统网络的通信应该选择 Mifare Classic 协议或 DESfire EV1 协议。DESfire 协议应使用三次握手的（密钥）DES 加密方式。读取器应该兼容 Mifare Classic 协议和 DESfire EV1 协议，因为在已有的各充电网络中采用这两种协议的设备都有应用。

5.12　互操作性

为了让电动汽车充电更高效，车辆就要能够利用不同充电网络来自由出行，并且能最方便地给电池充电。由于充电基础设施必须加以保护以免滥用，所以应用了一系列的准入机制，最常用的就是上面提到的 RFID 设备。

大部分充电桩的读取器可以对 Mifare Classic 协议和 DESfire 协议解码，这是因为不是所有的系统都用了同样的协议。

大部分充电网络采用了 Mifare Classic 协议，并采取了会员制度，让会员访问系统；而采用 DESfire 协议的系统能够保证支付机制的安全。

因此，会员制度必须找到一种机制，可在自己的系统和许多合作的网络系统之间传输唯一的用户识别符。

目前，在英国有两种方法有效地实现了互操作性：

第一种是英国 OLEV 开发的核心白名单，每个充电网络由各自的后台管理系统获取各充电点的用户数据，建立用户 ID 名单池。

第二种就是充电网络战略合作伙伴之间共享虚拟“亲友近邻”（friend and family）白名单，这样可以不用核心白名单，直接传输邻近网络用户识别符和更新充电桩数据。

为了让读者更好地理解这两种解决方法面临的技术挑战，有必要说明一下英国电动汽车充电网络的基本结构。

最初在英国，除了名为 Source London 的 PiP 项目以外，所有的后台管理系统都是由充电桩供应商提供和制作的。它们的充电桩及后台间的指令结构和协议也都是专用和唯一的。

大部分充电网络使用的充电桩来自不同供应商，并且每一个充电桩供应商都使用自有协议与自家的充电桩进行通信。当时，如果有 3 家独立的充电桩供应商，就有 3 个独立的充电桩管理系统（Charge-post Management System，CMS）来翻译后台系统的输出信息，然后将信息传送到充电桩。这就需要在双方同意的基础上外挂解码器。随着充电桩供应商的增加，外挂解码器的数量一定也得跟着增加。

一个简单点的办法是采用通过开放充电点协议（OCPP）。理论上，OCPP 允许所有的充电桩直接和后台系统对话，但是目前英国的 OCPP 还处在试验阶段。荷兰已经成功地施行了 OCPP。

5.12.1 国家充电点注册机制

英国国家充电点注册（NCR）机制是由英国 OLEV/DfT 发起的，意在成立公共电动汽车充电点数据库。该机制在 2012 年中期启动，许多已经安装的 PiP 项目资助的充电桩的位置和规格数据会一起上传。每个 PiP 项目的应用方案管理人员都可以进入到各自应用方案下的每一个充电点，了解实际位置、插座数量和型号，以及其他一些特别参考信息。随着公共充电基础设施的增多，出现另外的应用方案，这些项目任命的管理员会被邀请提供其充电桩的位置信息。人们希望，这个全面的数据库能够为相关组织所用，如卫星导航和辅助服务供应商。这相应地也能够帮助宣传充电基础设施的所在位置，并通过提高对充电网络的认知和更简单地接入充电网络，鼓励电动汽车的推广应用。

5.13 电力出售

英国目前不允许注册电力零售商以外的企业或个人进行电力转售（resell）。但是英国 OLEV 和燃气与电力办公室（Ofgem）正在合作解决监管屏障。英国 Ofgem 在 2012 年就一项特许权展开了协商。该特许权是让充电点所有者和运营商可以以市场价出售充电点的电力。

另外，英国 OLEV 还认为最高价转售不适用于通过公共充电点为电动汽车充电的电力。英国 Ofgem 计划就明确此方面的特许权进行协商，为公共充电点出售电力发展出一个自由市场。

5.14 电线

所有的电线应符合英国标准 BS 7671-2008 的要求，并应由有资质的电工进行。

英国 IET 出版的标准《IET 电动汽车充电设备安装实施规程》，为所有的电动汽车充电设备的安装程序提供了专业指导。该规范包括了电气要求、风险评估的指导，以及来自英国健康与安全执行局（Health and Safety Executive，HSE）的最新信息。

5.15 健康和安全

公共充电点的选置必须充分考虑对附近居民和该区域其他群众的安全的潜在影

响。对于路边选址的情况，为了将绊倒行人的可能降到最低，充电桩应安装在路面边缘，这样可以避免人们在车辆充电时必须从充电桩和车辆之间通过。

充电桩需要进行例行检查（每年最少一次）。当发生损坏时，所有的充电桩都应能立即进行通信，并立即切断电源。

若充电桩发生任何损坏，应具备明确的处置程序。

私有的充电点还要在公共责任险方面做足准备，这样其充电基础设施就能够依据保险条件提供“获准许”的充电接入服务。

对于有门禁或私有的经营场所，可行的办法是准备很多针对现场充电设备的准入标签/卡。在很多情况下，这些标签/卡可在该地的问询处或接待处办理。

5.16 残障保护

充电点主要的供操作的插座和控制按钮的高度应距地面0.75～1.2m，以保证健全和残障用户均可使用。

RFID读取器和HMI显示器的设计高度也必须考虑残障用户的需要。在用户操作和控制按钮方面也要考虑这方面的问题，避免来往车辆给用户带来危险。

5.17 规划

对于标准的路边充电桩来说，在英国不需要规划许可，但是应该遵守当地的街道设计规划，特别是如果其中有关于公共道路区域布设充电点的内容的情况下。

相关标志牌可能需要规划许可，这与一般的情况一致。

5.18 交通规则和管理条例

交通管理条例（TRO）是法律条例，它让英国交通管理机构（Highway Authority）来管理车速、行驶和停车方面事宜的。英国的TRO法案是《道路交通管理法 1984年》（Road Traffic Regulation Act 1984），是依法强制执行的。

英国各地方政府在TRO和交通管理协议（Traffic Management Agreement，TMA）上有不同的制定程序和实施时间表，但是进行公告和征询意见的法定时间通常最短不少于6周，最高可达12个月。

征询意见是面向公众的，无论人们是反对还是支持都可以，但是在征询期结束前，意见必须被提交上去。征询期结束，所有的反馈都必须被考虑，以便决策如何实施新条例。

TRO/TMA和安装过程应预先进行详细规划，并得到所有参与方的一致同意。其中要明确各方的角色、责任，以及相应的进度计划。

附　　录

附录 A　参考资料

IET Code of Practice on Electric Vehicle Charging Equipment Installation, IET Standards, 2012

Making the Connection: the Plug-In Vehicle Infrastructure Strategy, DfT, 2011

Going Green: how local authorities can encourage the take-up of lower-carbon vehicles, RAC, 2011

An Independent Report on the Future of the Automotive Industry in the UK, NAIGT, 2009

Motor Industry Facts 2012, SMMT, 2012

Plugged-in Fleets: a guide to deploying electric vehicles (EVs) in fleets, The Climate Group, 2012

附录 B　相关网站

1. 组织机构

Office for Low Emission Vehicles	www. dft. gov. uk/topics/sustainable/olev
Technology Strategy Board	www. innovateuk. org
IET Standards Ltd	www. ietstandards. com

2. 充电点供应商

www. elektromotive. com

www. pod-point. com

www. chargemaster. com

www. polarnetwork. com

www. aptcontrols. co. uk

www. abb. co. uk

www. sgte-power. com

www. chargepointservices. co. uk

www. coulombtech. com

www. haloipt. com

www. betterplace. com
www. evoasis. com
www. ecotality. com
www. e-laad. nl

3. 英国各 PiP 项目

East of England	www. sourceeast. net
London	www. sourcelondon. net
North East of England	www. chargeyourcar. org. uk
Midlands	www. pim. pod-point. net
Milton Keynes	www. chargemasterplc. com/charging-schemes/milton-keynes
Northern lreland	www. nidirect. gov. uk/ecar

4. 其他项目

www. cabled. org. uk
www. switchev. co. uk
www. eemsaccelerate. co. uk
www. mini. co. uk/model-range/making-the-right-choice/minimalism/product/mini-e/
www. toyota. co. uk/cgi-bin/toyota/bv/frame_start. jsp? id = plugin_hybrid
www. enevate. eu
www. greenemotion-project. eu
www. esb. ie/electric-cars

图书在版编目（CIP）数据

插电式电动汽车充电基础设施布设：面向地方部门及其战略合作伙伴的技术路线图/（英）拉姆斯登（Lumsden，M.）编著；李晓楠等译．—北京：机械工业出版社，2016.6

（国际电气工程先进技术译丛）

书名原文：Successfully Implementing a Plug-in Electric Vehicle Infrastructure

ISBN 978-7-111-53742-7

Ⅰ.①插… Ⅱ.①拉… ②李… Ⅲ.①电动汽车-充电-电站-服务设施 Ⅳ.①U469.72②U491.8

中国版本图书馆 CIP 数据核字（2016）第 099426 号

机械工业出版社（北京市百万庄大街 22 号　邮政编码 100037）

策划编辑：王　欢　责任编辑：王　欢

责任校对：肖　琳　封面设计：马精明

责任印制：李　洋

三河市宏达印刷有限公司印刷

2016 年 7 月第 1 版第 1 次印刷

169mm×239mm · 6.75 印张 · 123 千字

0001—2600 册

标准书号：ISBN 978-7-111-53742-7

定价：49.00 元